自己責任という暴力

コロナ禍にみる日本という国の怖さ

齋藤雅俊

未來社

自己責任という暴力——コロナ禍にみる日本という国の怖さ◆目次

自己責任という暴力

——コロナ禍にみる日本という国の怖さ

装幀——中島浩

はじめに

二〇二〇年は新型コロナウイルスが世界を席巻した。日本は欧州やアメリカと比べて死者の数が少ない状態で推移しているが、三月十三日には改正新型インフルエンザ特別措置法が成立し、これに基づいて四月七日には東京、大阪など七都府県に政府が緊急事態宣言を発出した。外出の自粛要請とさまざまな業態での休業要請が柱である。

四月十六日には緊急事態宣言が全国に拡大され、ゴールデンウィークをまたいで日本列島はごく一部の例外を除いて自粛ムード一色となった。

コロナ禍をめぐって私は本書のテーマにも大きく関わるふたつの点に注目した。ひとつは感染者への攻撃が感染者本人を超えて家族や所属集団にまで向かったこと。もうひとつは、数々の「要請」が炙り出した市井の正義感と同調圧力である。

三重県では感染者の家に石が投げ込まれ、壁には落書きされたという。[*1]

＊1　朝日新聞二〇二〇年四月二十一日。

卒業旅行や懇親会などで学生中心に感染が広がった京都産業大学には、抗議などのメールや電話が相次いだ。「感染した学生の名前と住所を教えろ」「殺しに行く」「大学に火をつける」などの脅迫もあった。[*2]

また、福島県郡山市にある郡山女子大学では、ひとりの教授が感染したことが公表されると、教職員の子どもが保育所への預かりを拒否されたり、会社勤めの配偶者が出勤を止められたりした。さらには付属高校の生徒が「コロナ、コロナ」と指をさされ、一時は制服での通学を見合わせる事態となった。[*3]

新聞には読者のこんな相談も寄せられている。[*4]

「新型コロナウイルスの感染者が確認された施設に勤務しており、ＳＮＳで複数の施設従業員の実名や住所が『感染者特定』としてさらされています。どうしたら良いでしょうか。」

恐ろしい人権侵害である。

日本には権力の二重構造が存在する。ひとつが国家権力で、法律という明文化されたルールに従って社会が機能する。判断の基準は違法かどうかであり、処罰権は国家に独占されている。もうひとつの権力は世間である。世間には明文化されない暗黙の掟が存在し、裁判とは別の情緒的処罰がまかり通る。その処罰の重さはときに圧倒的な威力を発揮し、法律での処罰を凌駕する。

裁判の判決ではしばしば世間による処罰が考慮され、そのことが判決文そのものに盛り込まれるほどだ。世間で暗黙の掟を司るのは市井の人々で、彼らの正義感や道徳観が法律にとって替わる。ときにメディアがこれに加担し、この国を覆う逸脱を許さない空気ができあがる。

今回のコロナ禍では人権侵害の防波堤となるべき公的機関が、逆に偏見や差別を助長してしまったケースも出ている。

愛媛県新居浜市では、東京や大阪を行き来する長距離トラック運転手の二家族の子どもたち三人に対し、市立小学校の校長が市教委との相談のうえで、登校しないよう求めていた。[*5]

岩手県花巻市では、東京から引っ越した七〇代の男性が入居の決まっていたマンションの住人から「二週間はここに住まないで」と言われ、さらには市に転入届を提出しようとしたところ、「二週間後に来てほしい」とその場での受取りを拒まれたという。花巻市のホームページを見ると「県外から転入される方へのお願い」として次のような文書が掲げられている。

「新型コロナウイルスの感染拡大防止のため、県外から転入された方については、待機期間（二

＊2　朝日新聞二〇二〇年四月八日、中日新聞二〇二〇年四月二十日。
＊3　朝日新聞二〇二〇年三月二十六日。
＊4　朝日新聞二〇二〇年四月三十日。
＊5　毎日新聞、東京新聞二〇二〇年四月九日。

週間）後の手続きにご協力くださいますようお願いいたします。
届け出期間は、転入した日から一四日以内となっておりますが、自宅等での待機により届け出が遅れた場合は、この期間を過ぎても、通常通り受付いたします。
お急ぎの場合は、市民登録第1係・第2係にご相談ください。[*6]」

参考に東京都稲城市の「転入・転居の届出」についての記載と比較してみよう。

「市外から稲城市へ引っ越しされた場合（転入）や稲城市内で引っ越しされた場合（転居）の届出については、住み始めてから一四日以内に届け出る必要がありますが、新型コロナウイルス感染症の感染予防のために届け出期間を過ぎた場合は、正当な理由があるとして通常通り手続きができます。届出を急ぐ必要がない方におかれましては、混雑を避けてお越しください。[*7]」

稲城市のホームページで明らかなように、本来一四日以内となっている届け出が遅れても大丈夫ですよとすべき告知が、花巻市では二週間過ぎてから届け出せよとおかしなことになっている。

岩手の自然や文化に憧れて花巻市に引っ越してきたという男性は、契約したマンションに入れず、転入届も受けてもらえず、気の毒に思った大家が元店舗の空き家を提供した。男性はその二日後、隣の店舗兼住宅で起きた火事に巻き込まれ、亡くなった。[*8]

ＴＢＳの情報番組「ひるおび」で休業要請に応じないパチンコ店の開店前に並ぶ客と注意する人の間で交わされた激しいやり取りが紹介された。二〇二〇年四月二十九日午前一〇時ごろの東京での出来事だ。

パチンコ店に並ぶ客を注意する男性
「出ていけ！　家に帰れ！　家に帰れよ！」
「日本語わかんねえのかよ。この野郎」
「お前らおかしいんだよ。我慢できないんだろう。我慢できないんだろうが」
パチンコ店に並ぶ女性
「我慢できません。だから鼻までちゃんとマスクしてるでしょ」
パチンコ店に並ぶ客を注意する男性
「なんじゃこの野郎、おい！（女性につかみかかろうとして警備員に制止される）」
「出ていけ！　日本から」

＊6　花巻市ホームページ令和二年四月八日付。
＊7　稲城市ホームページ二〇二〇年四月二日更新。
＊8　毎日新聞二〇二〇年四月十八日。

「子どもたちは我慢しているぞ。大多数の国民は我慢してるぞ。お前たちだけ我慢できてねえんだろ[*9]」

この男性のような言動に出る人たちは、世の中のために良かれという意識でやっている〝正義〟の人たちである。法律とは別の掟に従って、自らの正義感と道徳観から注意や罰を与えようと躍起になっている、この国では見慣れた光景だ。

こうした正義感は、陰湿な相互監視のメカニズムを機能させる。実際、神奈川県などの自治体には「〇〇パチンコ店は休業していない」という通報が多数寄せられているという。

本書は親や家族にまで求められる際限のない責任や利害関係のない第三者が当事者に求める自己責任を軸に、この国の責任のありようを論じていくが、コロナ禍をめぐる騒動はまさに同じ軌道上の産物である。

もうひとつの論点である休業要請について考えてみよう。

先ほどのパチンコ店だけでなく、いくつかのパチンコ店は行政の休業要請に従わなかった。果たしてこれが責められるのかという問題だ。

そもそも各自治体が出したのは、特措法に基づくとはいえ休業の**要請**であって、法的義務を伴わないお願いの範疇だ。要請で例外なくすべてを休業させるというのは虫のいい話で、要請である以上、八割実現できれば十分と考えるべきである。休業十割を目指すなら、法律に伴う命令を出し、その休業に伴う補償を打ち出さなければならない。法治国家とはそういうものだ。パチンコ店の営業の自由はむしろ法律に守られているとさえ言える。社会で判断される基準は合法か否かであって、明文化された法律の下、何人(なんぴと)も平等で基本的人権が尊重される社会を目指すなら、暗黙の掟や空気任せにしてはならない。

私が暮らす山形県は四月十八日から県境での検温を始めた。県外からのウイルスの持ち込みを阻止しようというもので、山形市の山形蔵王パーキングエリア、JRの山形駅と米沢駅、山形・庄内両空港など七か所に初日は県職員七五人が張り付き、検温への協力を「要請」した。本格的に実施した四月二十五日からゴールデンウィーク明けの五月十日までに五八六一人の検温が実施されたが、三七・五度以上の発熱者は見つからなかったと県は明らかにしている。

そもそもこの「県境検温」にはどんな科学的根拠があるのか、費用対効果はどうなのか、実施に当たって明確な説明はなにもなかった。「実施のアナウンス効果もあり、県域を越えた移動は抑制的になった」と吉村知事は成果を強調するが[*10]、他県の多くの知事がそうしているように県境をまたぐ移動は控えてほしいと呼びかけることで事足りていたのではないか。こうした施策が懸念されるのは県民に県外ナンバーへの偏見を助長し、不測の事態を誘発しかねないという点だ。

---

*9　TBS「ひるおび」二〇二〇年五月八日。
*10　読売新聞二〇二〇年五月十三日山形版。

実際、徳島県では県外ナンバーの車に暴言、煽り運転、投石、傷つけなどの被害が発生している。徳島県は「来県お断り」として数十人の県職員が双眼鏡を使い、県内のインターチェンジや商業施設などで県外ナンバーのチェックを行なっていた。県外ナンバーの利用者に対して誹謗中傷が相次いでいることを受け、徳島県の飯泉知事は徳島市長と共同で会見を開き、「県外ナンバーの調査をしたことが強いメッセージになりすぎた」と述べている。*11

強制力の伴わない「要請」や「調査」でさえ、その実効性は小さくない。

特措法の立て付け上、「命令」はできないのだと政府は説明してきた。諸外国に比べて規制が甘いのではないかとの批判も聞かれたが、この国には「要請」が広く機能する土壌が確かにある。強制に拠らない「要請」が機能することを日本の誇りと考える向きも多い。しかし、それは危険なことだ。「要請」が機能するのは市井の人々のいびつな正義感や陰湿な相互監視、逸脱を許さない同調圧力といった、法に拠らない暗黙の掟が広く共有されている証左でもあるからだ。

二〇〇四年、イラク戦争から一年を迎えたバグダッド近郊で、日本の三人の若者が武装勢力に拘束された。武装勢力は解放の条件として日本政府に対し、サマワに派遣されていた自衛隊の撤退を求めた。拘束から九日後三人の若者は無事解放されたが、帰国した彼らを待ち受けていたのは自己責任だと責め立てるバッシングの嵐だった。

当時の為政者たちは「自己責任」を問う激しいバッシングに乗っかり、無実の若者たちへの〝私刑〟を黙認した。むしろ利用したと言ってもいい。そして戦後初めてとなる自衛隊の海外派兵という重要な議論を封殺してしまった。この出来事が私の思考の原点となった。「要請」が他国では考えられないほど機能し、本来あってはならない〝私刑〟が黙認され、法律は閣議決定による解釈変更がまかり通り、為政者の責任も個人の自己責任もその範囲や意味するところは曖昧模糊としている。

本書では具体的な事例をたどりながら日本におけるさまざまな責任の取り方や求められ方の特徴を検討し、この国が内包する「怖さ」を考えていく。

＊11　朝日新聞二〇二〇年四月二十三日、NHK二〇二〇年四月二十四日。

第一部　親の責任が求められる国

第1章　集団責任

TOKIOの謝罪

二〇一八年四月二十五日、人気グループ「TOKIO」の山口達也が女子高生に対する強制わいせつの疑いで書類送検された。六日後、東京地検は起訴猶予処分としたが、その翌日TOKIOの残る四人のメンバーが謝罪会見を開いた。そろって黒いスーツを着込んだ四人は会見の冒頭二〇秒余りにわたって深々と頭を下げ続けた。

リーダーの城島茂は「心より深くおわび申し上げます」と被害者とその家族に謝罪したあと、こう続けた。

「山口の責任はTOKIOの責任。全体で謝罪会見を開かせていただくのが優先だという結論に至った。」

私たちは何度こうした光景を見続けてきただろうか。本人とは別に、所属する組織、親、身内らが謝罪し、共に責任を引き受ける。

山口のプライベートな行動にメンバー全員が謝罪する必要があるのだろうか。実際、ネット上ではそんな声が挙がっていた。その一方で、メンバーの謝罪会見は見る側の共感を呼んだ。ときに仲間を叱り、ときに涙を見せながら、率直に思いを語った会見はＴＯＫＩＯのイメージを守った。その証拠に農産物の販売促進でＴＯＫＩＯをイメージキャラクターとして起用してきた福島県はＴＯＫＩＯとの契約継続を決めたし、東京五輪・パラリンピックの広報大使としての役割も続投となった。

このケースで、連帯責任が強く求められたのかと言うと必ずしもそうではない。しかし、身内の恥を自らの恥として詫びなければ気が済まない心情にさせる得体のしれない力が働く。おそらく、そんな力の存在を日本人なら誰でも意識できるのではなかろうか。だからこそ彼らの謝罪は共感を呼んだ。

良くも悪くもこの得体のしれない力を意識したうえで対応をしないと世間からとんでもないバッシングを受けることになる。

自己責任という言葉が市民権を得る時代にありながら、この国ではなおも集団責任が問われ続ける。その最たるものが加害者家族の謝罪だ。

みのもんたの謝罪

二〇一三年九月十三日の夕刻、鎌倉の大豪邸の前で大勢の報道陣が待ち構えるなか、みのもんたがポロシャツに紺の上着を着て、サンダルを履いてゆっくりと現われた。臨時の記者会見に臨むためだ。

テレビ局に勤める次男が逮捕された。容疑は、二〇一三年八月十三日の午前一時一〇分ごろ、港区新橋のコンビニエンスストア内のATMで、他人のキャッシュカードを使って現金を引き出そうとしたという窃盗未遂である。キャッシュカードの持ち主は、近くの歩道に酔って眠り込んでいた四〇代の男性会社員だった。

女性リポーターに促され、まずみのもんたが語り始めた。

「たいへんご迷惑をお掛けして申し訳ありません。」冒頭こう話すと、みのは一三秒間頭を下げ続けた。その間、カメラのシャッター音が響き、ストロボが激しく瞬く。頭を上げたみのが自ら話を始める。

「まあ、私個人の問題で皆さんにお集まりいただくんでしたらなんでもお答えできるんですが、家族とは言え、もう三〇を過ぎた男のひとつの別の人格者でございますので、あれこれとやかく言う筋合いのものではないと皆さんもおわかりだと思います。

ただどうしても家族の一員、次男という気持ちはこれは切っても切れない気持ちであります。

バラエティ番組で楽しく大騒ぎをしながらやる性格のものと公明正大でなければならない、あくまでも中立でなければならない報道という局面に立たされるキャスターとして別の人格だからとは言い切れない、やっぱり情愛みたいなものはあります。そんなときに本当に公明正大にですね、処理できるかと言えば、いまの私ではややもすれば身びいきになるような立場に立っちゃうんじゃないかなあと、苦慮いたしました。

でも本人の問題というよりは、父親である人間が、キャスターであり、タレントであり、みのもんたという名前で活躍をしている以上、カメラのレンズは当事者よりも私に集中せざるを得ないのは、それはいたしかたのないことだと私も理解します。

忸怩たる思いはありますが、みのもんたという名前がやはり残念ながらそういう立場からいったん自粛しなければ事は収まらないな、そう思いました。

ですからけさ自分なりの正直なコメントを各社にお届けさせていただきました。あそこにも書きました通り、いま捜査が進んでおります。私は父親として倅のことも信じたいし、この間のオリンピックじゃございませんけれども、世界で一番安全な平和な日本、やっぱり日本の警察の皆さんの努力がやっぱり実を結んだ結果だと思います。そういう意味で私は両方を信じて推移を、しかもキャスターという報道番組の司会進行者という立場から一歩はずれて推移を見守るべきだと決意しました。以上です。」

みのは開口一番「たいへんご迷惑をお掛けして申し訳ありません」と語り、頭を下げ続けた。この謝罪はいったい誰に向けられた何についてのものなのか。この会見が行なわれたのは逮捕から二日後で起訴されるかどうかもわからない。ましてや次男が少なくともこの時点まで否認し続けていたことを考えると、父親としての謝罪は、酔って路上に寝ていた〝被害者〟に向けられたものとは考えられない。ましてや、鎌倉山のみのの自宅まで取材に出向いた報道陣に向けられたものとも思えない。お詫びの対象は漠としている。

ともかくもお詫びをする。謝罪という謙虚な態度を広く世間に表明することが、事態の沈静化にものを言う。「謝罪」はこの国で生きのびるための重要な処世術であり、日本人は自然にこの作法を身につける。

会見では、「謝罪」に伴って「自粛」が表明されている。この場合は自らが司会を務めるテレビ番組への一時的な出演自粛を意味し、「自粛」のありようが世間の風当たりの強弱にも関係することを熟知しての決断だったのだろう。

もうひとつ、この記者会見で注目されたのは「別の人格者」という言葉である。次男は三一歳で一流企業に勤め、妻もいる世帯主である。罪を犯したとすれば、それは別人格の大人である息子の責任であって、親の責任が問われるのはどうなのかという訴えだ。

記者会見の質疑応答でみのはこう答えている。

記者「父親として責任を感じているというふうに（発表文には）書いてあったんですけど、親の責任というのをどういうふうに考えていますか？」

みの「そうですね。親子の情愛っていうのは切っても切れませんからね。あれですけど、責任という言葉で言えば、僕は二十までだと思います。二十を過ぎて三十過ぎた人間は親がどうのこうのじゃないはずです。

でも僕の場合は報道番組をやってますので、どうしても気持ちがね、揺れ動く。それはまずいという……。その一語に尽きます。

それは三十ズラ下げた、子どものいる男に親が責任をと、日本だけじゃないですか、もしかしたら。」

みのは自らの心境を聞かれて、長い沈黙のあと細川ガラシャの辞世の句を披露した。

「世の中の花も花なれ人も人なれ」

成人した子どもがしでかした不始末をめぐる親の責任について、三十にもなった息子と自分は別人格であるというみのの発言は正論である。縁座制が廃止されて既に一世紀半になる。しかし、いまもなお私たちの国では、親が一定の責任を問われ続けている。当の親が第三者然として、別人格だと語れる土壌はこの国には存在しない。ましてやこの点に言及した父親本人であるみのに対して世間はいっそうの不快感をもった。

新聞各紙がどういう見出しの取り方をしたのか見てみよう。

朝日新聞「みのもんたさん報道番組出演を自粛次男逮捕受け」（二〇一三年九月十三日夕刊）

毎日新聞「みのもんたさん『朝ズバッ！』出演自粛次男逮捕受け」（同前）

読売新聞「みのさん『結果出るまで自粛』」（二〇一三年九月十四日朝刊）

スポーツ紙はいずれも大きな扱いだった。

サンケイスポーツ「みの涙の謝罪」（同前）

デイリースポーツ「みの『私のせがれじゃなかったら』」（同前）

スポーツニッポン「『朝ズバ』自粛」（同前）

スポーツ報知「報道番組だけ出演自粛みのもんた」（同前）

日刊スポーツ「朝ズバッ！　当面自粛」（同前）

多くの新聞社は、当面の報道番組への出演自粛というキャスターみのもんたの父親としての責任の取り方に焦点を当てて見出しをとっている。読者の興味も、著名なキャスターであるみのもんたの父親としての責任の取り方に向けられ、次男のことなど吹き飛んでしまった。

その後に激しさを増す、みのもんたバッシングの報道ぶりについて、彼はこんなことを言っている。

「手出しこそしないけれど『あいつはくさい』と言い立てるいじめと共通していませんか?僕はね、活字の世界に憧れ、畏敬の念を抱いている。だけど僕に対する報道には活字の力が悪用されているようだ。テレビは厳しい声と寛容な意見の双方を取り上げてくれているが、活字には僕の存在まで否定され、裏切られたようです。特に週刊文春、週刊新潮はひどい。」[*1]

みのに名指しされた週刊誌はどんな見出しをつけているか見てみよう。

「みのもんた」の背中が育てた「超バカ息子」全行状（週刊新潮二〇一三年九月二十六日号）

「呪われた土地」の地上げが「みのもんた」不幸の始まり（同誌十月三日号）

居直り「みのもんた」の復活を許すな！（同誌十月十七日号）

自分も家族も「みのもんた」危急存亡の秋（同誌十月二十四日号）

自称報道人「みのもんた」は成仏したか？（同誌十一月七日号）

みのもんた「成金ネコ一家」の崩壊（週刊文春二〇一三年九月二十六日号）

みのもんた黒すぎる過去（同誌十月三日号）

みのもんたの品格（同誌十月三十一日号）

記事は、みのが所有する不動産、銀座での酒の飲み方、経営する水道会社、かつてのセクハラ疑惑にまで及んだ。週刊現代は「みのもんたは、なぜこんなに嫌われるのか」という見出しを付けた。そもそも問うべきは息子の犯罪だったはずだが、週刊誌メディアはここぞとばかり「キャスターみのもんた」に関するあらゆる問題をあげつらった。

こんなときの常として、メディアによる粗探しは重箱の隅を突っつくように行なわれる。そしてもともとの彼の姿勢、体質がこんな事態を招いたのだと結論づける。背後にはそんな記事を読んで溜飲を下げる読者の存在がある。

番組で政治家や官僚に辛辣な言葉を浴びせ、「原発の責任者出て来い」と怒鳴って見せてきた態度への反発が息子の逮捕を機に、一気に表出したのだというもっともらしい指摘も散見された。感情論としては理解できなくもないだけに、むしろ怖さを感じる。

これは法律に基づく「論理的懲罰」とは別の「情緒的懲罰」とでも言うべき現象だ。成文化された法律とは違う、暗黙の掟が日本を縛る。怖いのは懲罰の対象が、いつの間にか息子から親にすり替えられていることだ。

みのもんたの発言や行為に問題があるのなら、そのつど指摘すればよいのであって、別人格の息子の不始末で親の責任を厳しく問うことが許されるなら、責任の範囲は際限がなくなる。みのの「偉そうな」態度への反発に対する物分かりの良さは「情緒的懲罰」を正当化してしまう。

＊1　毎日新聞二〇一三年十一月一日夕刊。

十月二十六日午後四時、東京の名門ホテル、ホテルオークラでみのもんたは改めて記者会見を開いた。会見場所の費用はみの自身が負担したという。

開口一番、みのもんたは「私のことで大変世間をお騒がせしました。まことに申し訳ございません」と語り、深々と頭を下げた。

以下、成人した子どもに対する親の責任について語った部分を中心に会見を見よう。

「私の気持ちのなかになんでこんなことが起きたのか、なかなか整理がつきませんでした。三十過ぎた、家庭をもった、仕事をもった、社会人であるわが子、なんでという気持ちが強うございました。しかし、二週間、三週間、四週間と経つうちに私の気持ちのなかに少しずつではありますが、思いの変化が出てまいりました。

自宅に引き籠もるような状態のなかで、いろいろ考えたり、時間の許すままに書斎の整理をしてみたり、本棚の整理をしてみたり、無為な時間を過ごす日々でございました。そんななかで、なんであのバカ息子がという気持ちが、いったい俺はどうしたらいいんだという迷いも生じてまいりました。

女房と懸命に育ててきて、社会に送り出したはずなのに、何かが狂っていたのか、どこかがおかしかったのか、そんな思いが強くなりました。

確かにあの子は私の子です。しかし、成人して、大人になって、社会人になったはずなのに、家庭をもったはずなのにこんなことをしでかす。どこかが子育てのなかで、なにか間違っていたんじゃないのかな。不完全な形で世の中に送り出してしまったのか。だとしたら、父親としての責任があるなと思い至りました。親子の縁は切れない。間違いなくわが子だ。どこかが狂って社会に送り出したのだ。その責任は父親である私にあります。申し訳ありません。

彼は、職を失い、厳しい社会の批判にさらされ、苦しい日々を送っていることと思います。多くのものを彼は失いました。苦しんでいると思います。

親としての責任を感じたとき、私はどうやってその親の責任を取るべきなのか、必死に考えました。私も苦しみました。

私にとって自分では天職と思っていたしゃべる世界。それも報道に関する番組を司会進行、ときには言いたいことを言い、ときには切るべきことを切り、ときにはダメ、ときにはヨシと自分なりの流儀で進めてまいりましたが、私にとってしゃべるという世界、報道の番組から降りるということが私にとって一番苦しくてきつい判断でした。

正直に申し上げます。道義的な親の責任を私は非常に感じました。と同時に、道義的な責任を感じた親はどういう責任を取るべきなのか。答えは自分にとって一番苦しい道を選んでみようと思いました。」

続いて行なわれた記者からの質問にはこう答えている。

「親の責任、子どもの責任、親子の情愛、親としての子どもに対する道義的な責任、それは非常に痛いほどわかりました。本当に私は番組を降りると決断したのは、あのバカ倅と同じ悔しい思いを味わうべきだからと思ったんです。」

「私は最初、本当に社会人になって家庭をもった子ども、三十過ぎた子ども、自分で責任を取ればいいと思ってました。ただ、親子の縁が切れないっていうことはわかっていました。応援もしたいなあ、でも馬鹿野郎だなあという気持ちがだんだんだん日増しに強くなりました。なんでこんなことするんだろうと。で、そのうちどっか間違ってたのかなあと思うようになりました。どこが間違っていたんだろう、育て方、それはやっぱり育てたやつの、育てた私の育て方に問題があった。接し方に問題があった。私という人間性に問題があったんじゃないのかなあと。いけないことかもしれませんが、私は殴るタイプなんです。いやなら出て行け、そういうタイプの父親です。それが僕は父親としてのええかっこしいの悪い結果に繋がったなあと。何か起きてもわからなければ、わからないようにしちゃおう、親父にわからないようにという道に繋がったんじゃないかと思います。なんでも話せる親じゃなかったみたいです。」

結局、みのもんたは親と子は別人格という信念を貫けなかった。みのは一転して親の責任を認めた。こんな大人に育てたのは親である自分の責任だという。その責任を果たすためにテレビの報道・情報番組を降りるのだと説明した。

彼が意気地なしなのではない。親としての謝罪を強いる圧力が凄まじいのだ。親が著名人であればあるほどその圧力は強くなる。この国では「別人格」という正論はフィクションの世界でしかあり得ない。

記者会見後に行なわれた毎日新聞の取材にみのもんたはこう答えている。

「独立した子どもはやはり別人格だと思っています。お前は影響力のある立場だからと言われますが、じゃ影響力のある職業、政治家とか官僚とか法律を作る立場の方は、自分の職業を棒に振らないといけないのか。それが責任の取り方なのか。みなさんに親の責任について議論してもらい、それを参考にして自分の答えを探したい。[*2]」

二〇一三年十月、週刊誌のアエラは、次男逮捕後のみのもんたの対応を受けて親の謝罪についての特集を組んだ。そのなかでアンケート調査が報告されているが、興味深いのは、ネットユーザー五〇〇人に対して、子どもが罪を犯したときどのレベルまで親の責任が生じるかと質問したところ、「(大人になっても)ずっと責任がある」との答えが全体の三三%近くを占めたという点であ

＊2 同前。

る。これでは子はいつまでたっても親から独立することは難しく、子育てという親の責任は死ぬまで続くことになる。

秋葉原無差別殺傷事件

初夏の火照った日も沈み、夜の帳が下りた住宅街の一角でその記者会見は始まった。テレビカメラが並び、スチールカメラのストロボが眩しいほどに瞬く。五〇人以上の報道陣が二重に半円を作り、中心には各社のマイクを両手で抱えた代表取材の記者と逮捕された男の父親が立っていた。父親の半歩後ろには母親がハンカチで口を押さえながらうつむいていた。

秋葉原無差別殺傷事件が起きたのは二〇〇八年の六月八日、歩行者天国でにぎわう日曜日の昼下がりだった。二五歳の男が複数の通行人をトラックではねたあと、トラックを降りてさらに通行人らをナイフで次々に刺し、男性六人、女性一人が犠牲となった。重軽傷者も一〇人にのぼり、戦後最悪の通り魔事件として大きく報道された。

芸能人に限らず、日本では容疑者の親がメディアによって謝罪を求められるという事象がしばしば起こる。このケースでも、事件発生から二日後の二〇〇八年六月十日午後七時半、容疑者の実家の前で両親の記者会見が行なわれた。以下はその一部始終である。

まず父親が切り出した。

「本日はどうも申し訳ございませんでした。息子が重大な事件を起こしまして、亡くなられた方、怪我をされた方、本当に申し訳なく思っております。申し訳ありませんでした。」両親は深々と頭を下げた。

父親が続ける。

「事件の重大さからすると社会に与えた不安もかなりあったと思います。大変申し訳ありませんでした。」

「今日ですね、近所の皆様にもこういった形でかなりご迷惑をかけてきたんだろうなと思っております。本日警視庁の方の事情聴取を受け、終了しました。まだ事情聴取のなかで皆様にお伝えできる内容、かなり難しいと思います。といった形で、お詫びだけ申し上げたいという形で、お詫びをさせていただいた次第です。大変申し訳ございませんでした。（発言のまま）」再び、深々と頭を下げた。

束ねたマイクを父親に向けていた代表の記者が、質問を始めた。

「事件を防ぐことはできなかったのでしょうか。また事件前に息子さんのサインなどはなかったのでしょうか。」

父親「そちらの方も、捜査の関係もあり、申し上げにくいと思っております。」

代表記者「事件につながった理由についてどうお考えでしょうか。」

父親「それも申し訳ないですが、事情聴取との関係もあり、この場では申し上げにくいという状況があります。」

代表記者「改めて父親として、ご両親として、社会的責任、それから今後果たしていく遺族の方、被害にあわれた方に対する責任をどう果たしていくおつもりでしょうか。」

父親「謝っても、謝っても、謝りきれるものではないだろうと思います。そして私ができるものというものもですね、まだ心の整理もついていない部分もございますんで、具体的にはまだ申し上げる状況にはないというのが、現在の心境でございます。申し訳ございませんでした。」

代表記者「(容疑者の息子)本人に望むことは?」

父親「そうですね。聴取もしていると思いますんで、その辺を正直に申し述べてくれればなと思っております。」

あとの質問はないかと確認するような少しの間があって父親はこう結んだ。

「じゃあ、すいません。こういう形で申し訳ありませんけど、よろしくお願いいたします。」

泣きながら白いハンカチを口に当てていた母親は、記者会見の途中で急に足の力が抜けたように崩れ落ち、地面にひざをついて、土下座をするようにうなだれた。会見が終わると、父親は母親を抱きかかえるように自宅へ入っていった。

なぜ親がこんな形で晒し者にされ、謝罪しなければならないのか。記者会見では「親としての社会的責任」、「親としての被害者に対する責任」が問いただされた。両親の謝罪はすべてのテレビ局で放送され、ほとんどの新聞で取り上げられた。ほとんどと言うのは、すべての新聞を確認したわけではないという意味で、私が目にした限りのすべての新聞が取り上げていた。主な新聞各紙の見出しを拾ってみよう。

「『償いきれぬ』両親が謝罪」朝日新聞（二〇〇八年六月十一日）
「『謝っても謝っても償いきれない』容疑者の両親」読売新聞（同前）
「容疑者の両親が謝罪」毎日新聞（同前）
「『申し訳ありません』崩れ落ちる母親」産経新聞（同前）
「容疑者の両親謝罪」東京新聞（同前）

会見した両親の写真はほとんどの社が載せず、唯一掲載した東京新聞の写真も胸から膝にかけての胴体部分だけだった。記事にしながらも親の顔を掲載しなかったのは、メディアなりのモラルが働いたからだろう。テレビ各局も、親の顔にモザイクをかけたり、顔なし映像にしたりしている。

このケースの場合、父親が会見を開きたいと県庁の記者クラブに自ら
の意思で申し入れたとい

う外形的な事実があった。外形的と断ったのは、本当に自らの意思でそうしたのかどうかはわからないという意味である。この記者会見をどう扱うかをめぐって私が働くテレビ局でも議論が交わされた。多数を占めたのは記者会見が行なわれたという事実があり、親が自ら進んで開いた以上、その事実を報道するのは当然だという考え方だった。だが、親が記者会見を開いたのはメディアが父親を記者会見せざるを得ない状況に追い込んでいたからだという見方もある。実際、メディアは親の職場や実家の周辺に取材攻勢をかけ、職場も近所も迷惑を被っていた。そしてその迷惑を父親は一身に背負っていた。父親の職場の上司がマスコミ攻勢や職場への苦情電話に困り果て、父親に善処を促したというのが実態だった。

さらに重要なのは記者会見で明らかにされた中身だ。報じるかどうかは会見で父親が語った内容にニュースバリューを見出すことが大前提となる。メディアにすれば事件の背景や真相を探るためには、親の取材は避けて通れない。この事件の重大性を考えればなおさらである。だからこそ事情はどうあれ、父親から直接話を聞くことができる記者会見は確かに重要な機会であり、取材をしないという選択肢はあり得ない。しかし結果的に、事件につながる事情や背景をメディアはなにひとつ引き出せなかった。記者会見で父親が語ったのは、先に記したとおり謝罪の言葉だけだったのである。それでもこの記者会見がニュースとして報じるに足るニュースバリューがあったと言えるのだろうか。実際、取材をしながら会見を報じないケースは山ほどある。

また社内の議論のなかでは、容疑者の親の心情はりっぱな取材の対象だという考え方も示された。親の苦悩や謝罪を報道することで犯罪の現実を知らしめることができるという意見、さらには、謝罪を報道することで世間からの親へのバッシングが避けられるという理屈立てもあった。若手のデスクらからは、他社でガンガンやられるのに戦えないではないかという訴えも上がった。

しかし、私は父親が語った内容から報道する必要はないし、むしろ報道すべきでないと考えていた。親の謝罪のみを報じることは、親の謝罪が当然だとするいびつな社会を肯定し、そうした社会の構築を結果的にメディアが助長してしまうことにもなりかねないからだ。結局、私の意見は少数派で通ることはなかったが、たとえ自らの意思で記者会見に臨んだとしても、親に社会的責任を迫るメディアのありようは改めるべきだ。どんなに世間が「親の顔が見たい」と騒ごうと、親の謝罪を求めようと、ジャーナリズムはそんな要求に迎合すべきではない。

日本には明らかに親の責任を追及する空気が存在する。そんな空気をメディアは後押ししてきた。そして責任の追及に容疑者の親たちは痛々しいほど律儀に応えてきた。

八王子通り魔事件

秋葉原での事件からおよそ一か月半後、もうひとつの通り魔事件が八王子で起きた。

この事件は七月二十二日の午後九時四〇分ごろ、京王八王子の駅ビル九階にある書店で、三三歳の男が、持っていた包丁で女性二人を刺したというものである。アルバイト店員の女性が死亡、客の女性も腕などを切り付けられ軽傷を負った。容疑者はまもなく逮捕されたが、この事件でも容疑者の父親が各メディアの取材に対し、お詫びを述べた。

父親は、記者会見のような形ではなく、父親の住む家に取材をかけた記者に個別に対応した。テレビ各社は事件翌日、それぞれ次のような父親のインタビューを放送している。

ＮＨＫ（二〇〇八年七月二十三日昼ニュース）

一方、Ｋ容疑者の父親は今朝自宅で次のように話しました。

「本当に申し訳ございませんでした。亡くなられた方には申し訳ありません。おとなしい、気が小さいような性格だったから、こんなこと起こしたと聞いてびっくりしている。なぜこんなことになったのか聞き出したい。」

ＮＴＶ（同二十三日昼ニュース）

この事件で、Ｋ容疑者の父親がけさカメラの前で取材に応じました。

「申し訳ないやらなにやらで頭が真っ白です。本当にお詫びのしようもないです。申し訳なくて。私もどんと座り込んじゃって動く状態じゃない。それ聞いてから。おとなしくて内向的なあれだから、だから私びっくりしている。どうしてこんなことになったのって、まず聞き出したいですよ。」

Q「最近最後に話したのはいつですか?」

「ひと月くらい立つかな。」

TBS(同二十三日昼ニュース)

(記者の現場中継)調べに対し、K容疑者は仕事がうまく行かず、両親が相談に乗ってくれなくて文化包丁を買って書店に行き、無差別に殺そうと思ったということですが、自分の父親には正社員になれると前向きな発言をしていたことがわかりました。

「手の怪我良くなったらまた本採用だから……どうのこうのって『いいじゃない』と言ったくらいであまり話をしなかった。」

Q「前向きに本採用だと?」

「それしか言ってなかったから。」

フジテレビ(同二十三日昼ニュース)

K容疑者の父親がけさ八王子の自宅で取材に応じ、謝罪を述べました。

「本当に申し訳ない。被害者に会えるならとりあえずお詫びしたいです。性格的にはおとなしい人だからね。だから私びっくりしている。」

テレビ朝日(同二十三日昼ニュース)

VTRのなかの次のコメントに続いて。

K容疑者は仕事がうまく行かず、親が相談に乗ってくれなかったと話している。

「内気な、内向性だった。こんな事件を起こし、考えられない状態で、本当に申し訳ないことをしました。お詫びのしようもございません。」

ＴＢＳを除く各局が共通して報じているのは、容疑者の父親の謝罪の言葉である。容疑者の親に取材ができたということ自体にメディアは一定の価値を見出す。本来なら取材に応じにくい立場の人間をカメラの前に引っ張り出すことに成功したという特ダネ意識を膨らませる。自分だけが取材できれば〝特ダネ〟となり、他社がみな取材しながら自分だけが取材し損なえば〝特落ち〟になる。社会にとって重要なのは親の話す中身のはずなのだが、取材ができたということ自体に価値を見出してしまう。だから事件の背景や犯人の背負った負担など犯人の親だからこそ知り得る情報が引き出されなくとも、肉声で語った親の謝罪がニュースとして報じられ続ける。

息子の極刑を望む父親

二〇〇八年は通り魔事件が相次いだ。実際、同じ傾向の事件が一種の連鎖反応のように続くことがしばしば起こる。この年起きた硫化水素による自殺の連鎖はその典型だった。そして通り魔事件でも、秋葉原、八王子と続いた事件の前に、茨城県土浦市のＪＲ荒川沖駅で無差別殺傷事件が起きている。半年足らずの間に首都圏で三つの通り魔事件が相次いだことになる。

三月二十三日午前一一時ごろ、ＪＲ荒川沖駅構内などで通行人ら八人が次々と包丁で刺され、ひとりが死亡、七人が負傷した。容疑者として逮捕されたのは、別の殺人事件で指名手配を受けていた二四歳の男だった。この男は、無差別殺傷事件を起こす前日、「早く捕まえてごらん」などと挑発する電話を警察にかけていたという。

その三回目の公判で、六〇歳になる被告の父親が弁護側証人として出廷した。

「被告人にどういう刑を望むか」と弁護人が尋ねたところ、父親は「親として酷だが、犯した罪は重大で許されない。死刑で当然」と述べている。また、了解が取れた複数の被害者宅をひとりで訪れ、謝罪したことをあきらかにして「（法廷で）話す前にお詫びしたいと思っていた。謝罪してもしきれないと思っていたが、現実にそれを実感した」とも話している。[*3]

裁判の場でさえ、日本では親が出廷して詫びる。しかもこの親は複数の被害者宅を自ら訪ね、謝罪して回っていた。もちろんそのお詫び行脚が息子の犯した罪を減じることにはなるはずもない。公の席で「息子に極刑を」と父親が述べ、成人した子の不始末を詫びるというありようを私

＊3　読売新聞二〇〇九年六月三日夕刊。

たちはどう総括すべきなのか。

別人格を貫いた末に

円地文子の小説に『食卓のない家』という作品がある。浅間山荘事件にヒントを得ながら、人質を取って山荘に過激派の一員として立てこもり、逮捕された息子について、息子は息子、自分は自分で別人格であるといっさいの謝罪を拒絶した父親の物語だ。謝罪もせず、息子に弁護士を付けることもせず、あくまで息子自身に自らの行為の責任を取らせようとした父親の一貫した態度で、娘の結婚は破局し、妻はノイローゼの挙句、自殺してしまう。

大学の先輩である弁護士と父親の間で交わされた会話を引こう。

（父親）「息子が反社会的な行動を起こしたという点で、私は社会から糾弾されていたのですからね。乙彦（息子：筆者注）が憎いとか可愛いとかいう問題じゃなく、息子の行動によって親が責任をとるべきだという日本の社会の通念に、私自身反撥せずにはいられなかったのですよ」

（先輩）「わかっているよ。未成年者ならともかく、二十歳を越えた男の子がやり出したことに何で親が謝罪したり、引責辞職したりしなければならないのかというのが君の主張だった……君はその主張を実践したから世間は君をまで、不逞な親だと認めて、攻撃したんだよ。面白いことにはこういう批難の中には君が乙彦君に一切構わない、弁護士もつけないということまで、文句の種にして、こういう冷酷な父親だから、こういう息子が生まれるのだという声まで交っていたことだよ。私は長い弁護士生活を通じて世論の動きというものを自分なりに観測出来ると己惚れているが、あの時の世間一般の反応の中にも、例によって矛盾したものがいっぱい交っているんだよ。あの犯人の親たちで首を括ったり、職をやめたりしたのに対しては、マスコミもひどく同情的で慰めてやりたいらしいんだが、そういう原因をつくり出しているものが自分たちの側にあるということは、いっこうに反省しないんだね。これは、いいの悪いのの問題じゃない。日本人の総合能力の生み出したものだよ」[*4]

息子が罪を犯したという結果を省みて、親の子育てに原因があったという理屈づけはありえるのかもしれない。しかし、それでは悔いのない子育てができたという親はいったいどれだけいるのだろうか。そもそも完璧な親などいないはずだ。親は誰もが試行錯誤を繰り返しながら子育てをしている。そして完璧でない親に育てられた子どもであっても、あるいは犯罪者の子どもであ

＊4　円地文子『食卓のない家』新潮文庫、一九八二年、二五一―二五二頁。

っても、大部分の人は立派に生きている。その一方で、立派に育てられたはずの良識人が不始末を起こすこともある。子育てに親の責任を求めれば、子は成人しても独立できず、永遠に責任を引き受ける主体として存在することが許されなくなる。

自由な意思に基づく行動がルールに反するならば、彼は責めを負わなければならない。罰を受けるのは当然だ。しかし、同時に親が責任をとれば、行為者としての彼の自由は奪われてしまう。行為者としての責任をとることが彼の行動の自由を担保するからだ。大切なのは不始末を起こした子が自らの責任を自覚し引き受けることであって、子が納得する前に親が頭を下げてしまえば、行為者である子はあくまで親の付属物として甘やかされてしまうことになる。息子の行為は、息子自身が責任をとればいい。親も子も、それぞれが別個に責任を引き受けることでそれぞれの自由を獲得し、独立して生きていく権利をもつことができる。

だが、この国では「子どもは子ども、親は親」という態度を貫くことはまことに難しい。円地文子は主人公の父親にこう言わせて、世間の存在を描き出す。

動いて行く潮流に逆らって泳いでいるような不自然な力の必要を感じさせられた。自分ではこうするべきだと極めて実行していても、ともすれば力が足りないで、押し流されてしまいそうになるんです。今更らしく言うのもおかしいけれども、潮に逆らうというのは恐ろしいものです。[*5]

家族の責任――山ほどある悲劇

罪を犯した本人に限ることなく、責めが身内にも及び、取り返しのつかない悲劇を生んだ例は枚挙にいとまがない。一九七二年二月のあさま山荘事件では、逮捕された坂東國男の父親が「人質にされた方には心からおわびいたします。死んで許されることでもありませんが、死んでおわび申し上げます。あとに残った家族を責めないでください。○子（妻：筆者注）ありがとう。○子（娘：筆者注）を頼みます。いろいろお世話になった方にお礼を言います。○子（娘：筆者注）を残して死ぬのは心残りです」という遺書を残して自宅裏の物置で首つり自殺した。[*6]

父親は滋賀県の大津市で旅館兼食堂を営んでいたが、日に二、三回は嫌がらせの電話がかかっていた。自殺した日にも朝から京都と大阪の市民からそれぞれ二回ずつ「お前が代わりに撃たれろ」「息子の罪はおやじの罪だ」と激しい口調でなじられ、父親はそのたびに「すみません」と謝っていたという。[*7]

一九八九年、埼玉で起きた幼女連続誘拐殺人事件では逮捕された宮崎勤の家族や親類の多くが婚約の破談、離婚、退職に追い込まれた。改姓した親族もいた。住み慣れた町を逃げるようにあ

＊5　同前二五六頁。
＊6　毎日新聞一九七二年二月二十九日。
＊7　朝日新聞、毎日新聞一九七二年二月二十九日。

とにした人もいた。父親は、被害者への賠償金を支払うため先祖代々の土地を売り払い、事件から五年後の一九九四年十一月、青梅市内の多摩川にかかる橋の上から飛び降り自殺している。[*8]

宮崎逮捕から一か月後、父親の取材をした東京新聞記者は、そのときの印象を記事にしている。

「父親は『こんなことになって』と泣き崩れた。『こんなに苦しむのなら、死んだ方がどんなに楽か』——。目の前に正座して天井の一点をうつろな目で見つめ、苦しみもだえるように声を絞り出した。顔は真っ青で私たちとは一度も目を合わせることもなかった。『地獄のような苦しみ』という言葉が浮かんだ。[*9]」

柄谷行人は不快感を露わにして言う。

子どもがやったことになぜ親が「責任」をとるのか。その場合、誰に対する責任なのか。それは「世間」といったものに対してです。罪を犯した子どもはそれなりに処罰されますし、その親もそのことで充分苦しみ、罰を受けている。被害者の親が怒りを禁じえないというのはわかりますが、なぜ、「世間」が、——現実にはジャーナリズムが——、その怒りを代弁するのでしょうか。もしその結果として、非難攻撃された親が自殺したとして、そのことに「世間」は責任をとるでしょうか。「世間」というのは曖昧模糊としたものです。はっきりとした主体がない。誰かが親を追及するとすると、その人は自分はともかく、「世間が納得しない」からだというでしょう。[*10]

メディアだけではない。こうした犯罪の容疑者宅には、いつも夥しい抗議の電話が殺到する。近所からも白い目で見られる。或いは見られていると家族は思い込んでしまう。加害者本人に向けられる明文化された法律による処罰とは別の、暗黙の掟による「情緒的懲罰」が家族に向かう。

一八〇度違う親の反応

人権意識の進んだ欧米でも、犯人の親がメディアに登場することがないわけではない。

二〇〇九年二月十五日の日曜日、パリ郊外のムーラン＝イズール刑務所で、爆弾を使った脱獄事件が起きた。フィガロ紙をもとに事件を振り返る。

午後四時半前、家族との面会のため談話室にいた二人の受刑者が、爆発物を使って二枚の扉を

＊8　中日新聞二〇〇六年一月十八日夕刊。
＊9　同前。
＊10　柄谷行人『倫理21』平凡社ライブラリー、二〇〇三年、二五頁。

吹き飛ばし、脱獄した。二人の看守を武器で脅して人質に取る。運転手を引きずり出すなどして、途中三台の車を次々に奪い、乗り継いだ。警察は非常線を張る一方、ヘリコプターを飛ばして追跡した。

脱獄したひとりは、クリストフ・キダー（三七歳）で、一九九九年に強盗を働き、人質を殺すなどして終身刑の判決を受けた。そして二〇〇七年にも脱獄を企て、さらに懲役十五年の刑を受けている。

フランスの通信社ＡＦＰは、彼の母親が「ヨーロッパ１」というラジオ局のインタビューに応じて次のように答えたと報じている。

「自分の息子を支える。息子に降伏するよう求めるつもりはない。」「息子が刑務所に戻り、ぞっとするような環境で苦しむことは私には受け入れられない。なぜなら息子が（刑務所で）じわじわと死んで行くのを見るのはあまりに忍びないから。」「息子が南アメリカにでも逃亡するのなら、もう会えなくなっても構わない。[*11]」

また、母親は大衆紙パリジャンの取材にも応じている。

記者「この脱獄をあなたは予期していましたか？」

母親「これは政治的な自殺です。私たちみんな本当の理由を自問すべきです。息子のような受刑者に馬鹿なことをさせてしまう本当の理由を。彼らの将来を奪ったら、彼らがどういう行動に出るか。息子はあと少なくとも四〇年は刑務所暮らしが続きます。彼が出てこられるとしても早くて二〇四五年。サイエンスフィクションの年月です！『おまえは七〇前には出て来られないよ』と言うことになります。そんなの息子が我慢できると思いますか？フランスの刑務所の環境には疑問を呈さなければなりません。北欧ではなぜ、今回のような、あるいはアントニオ・フェラーラ[*12]のような脱獄事件が起きないのか。（フランスでは）投獄されるとどれだけの暴力に見舞われるのかと。[*13]」

母親の発言に息子がしでかした不始末への謝罪は見当たらない。逆に息子を庇い、そうした犯罪を引き起こしたのはフランスの刑務所の劣悪な環境のせいだと非難さえしている。

次もフランスの例だ。

二〇一五年十一月十三日の金曜日、パリの街が連続テロに襲われ、一二〇人以上が亡くなった。

＊11　ＡＦＰ、二〇〇九年二月十六日九：五六配信。

＊12　アントニオ・フェラーラ：パリ郊外のフレンヌ刑務所に強盗殺人罪などで服役中の二〇〇三年三月十二日未明、複数の男が対戦車砲などで刑務所を襲撃し、フェラーラの脱獄を手助けした。

＊13　パリジャン紙二〇〇九年二月十六日。

オランド大統領は「戦争状態だ」と何度も訴えた。イスラム国が犯行声明を出しているが、そのときの実行犯は九人いたとされる。そのなかにベルギー在住のアブデスラム兄弟がいた。ふたりにはもうひとりの弟がいて、ベルギーで親と暮らす彼自身も警察で取調べを受けたが、無関係だとして釈放された。その弟が自宅の玄関前で集まった報道陣のインタビューに答えている。ここではルモンド紙（二〇一五年十一月十六日二〇：〇〇）が一分二〇秒の映像として編集し、ホームページに載せている記者会見から引用する。弟はしっかりとした口調でゆっくりと話している。

「十三日、パリで起きたことに私はいかなる形でも関わっていません。いったいなぜ、どうしてこんなことになったのか皆さんに申し上げようもありません。

私たちは率直な明るい家族です。警察沙汰になったこともありません。わかっていただきたいのですが、悲劇が起きて両親はショックを受け、いったい何が起こったのか実感できない状態です。」

Q：記者「（兄弟の変化とか）何も気づかなかったのか？」

「まったく。（既に亡くなった兄ではなく、逃げている方の）兄について言えば、実際おかしな様子はありませんでした。皆さんには知っていただきたいのですが、彼はここで育ち、勉強しました。ごく普通の若者なんです。」

この会見は加害者家族としての立場だけではなく、自らにかけられた疑いを晴らすという意味あいもあって、前のケースとまったく同じではないことには留意する必要がある。ただ、本書のテーマである加害者の肉親としての対応として見た場合、日本ならまずは切り出すはずの謝罪の言葉は見当たらなかった。兄たちと自分とは別の人間なのであって、兄たちの気持ちを代弁する資格もないし、代わりに謝罪する理由もない。また親族としての社会的責任や謝罪を求めるメディアもいなかった。

パリのテロから五日後の十一月十八日未明、テロの首謀者とされたアブデルハミド・アバウドが、パリ郊外・サンドニの隠れ家に潜んでいたところを警察に急襲されて殺された。アブデルハミド・アバウドの父親のコメントが翌十九日フランス国営テレビ（F2）の夜八時のメインニュースで紹介されている。

「私たちは幸せな生活を送っていました。アブデルハミドは難しい子どもではありませんでした。良い商売人にさえなりました。しかし、突然、シリアに行ってしまった。私はなぜ彼が過激思想に染まったのかまったくわからないのです。

もし、私がアブデルハミドをいまもなお自分の息子だと思っているかと問われれば、答えはこうです：私はもう二度と彼には会いたくない。」

このコメントには親としての戸惑いや苦悩がにじみ出ている。しかし、ここでも親としての社会的な責任や謝罪の表明はなく、またそれを要求されているようにも見えない。こんな大事件を起こしておいて、一言の謝罪もないのかと親を責める声は聞こえてこない。

もうひとつ、今度はアメリカでの例を示そう。

一九九五年九月四日の午後八時ごろ、沖縄本島北部で、買い物帰りの小学生の少女がアメリカ兵三人に車で連れ去られ、暴行されるという事件が起こった。この事件をきっかけに、沖縄のアメリカ軍基地の縮小や日米地位協定の見直しなどへの要求が高まり、当時のモンデール駐日アメリカ大使が公式に謝罪している。

被告となった三人の米兵の母親と弁護士が、十一月七日、初公判に合わせてジョージア州アトランタで記者会見を開いた。その模様を中日新聞は次のように伝えている。

会見で、米海軍上等水兵マーカス・ギル被告（二二）の母親エスターさんは「私は自分の息子をいままで以上にとても誇りに思う。なぜなら、自分がやってもいないことを認める勇気があったからだ」と話した。家族の話では、ギル被告が起訴事実を認めたのは、日本の当局が（減刑などの）恩情を見せると期待したためだという。同時に「被害者の証言に合致した調書を作成するよう日本の警察に強制された」とする家族あてのギル被告の手紙も公開した。

また、海兵隊一等兵ケンドリック・リデット被告（二〇）の母親バーバラ・キャノンさんは「ケンドリックは〝ママ、ぼくは犯罪に加わっていない〟と話してくれた」と訴えた。ロドリゴ・ハープ被告（二二）の母親デイジーさんは「わたしは暴行犯を育ててはいない」と話した。*14

三人の母親とも息子の無実を強く訴えている。

アメリカのテレビ各局は、沖縄での初公判の様子をトップ級ニュースとして報じた。そのなかで主犯格のギル被告が起訴事実を全面的に認めたこと、さらに無実を訴えた母親らの会見も合わせて伝えている。

柄谷行人はこんな経験を書いている。

アメリカではよく、とてつもない少年犯罪が起こりますが、その時、親はどう扱われるか。私はアメリカのテレビで、犯人の親が出てきて、子供の無罪を信じるというようなことをしゃべっているのを何度か見ました。近年では、一九九六年の秋ニューヨークにいたとき、たまたまラジオを聞いていたら、ケネディ空港で神学生が銃器をもっていたために捕まったというニュースがありました。ピストルだけでなくさまざまな武器を所持していたのです。翌

---

*14　中日新聞一九九五年十一月八日。

朝注意して新聞を読むと、小さなニュースの扱いで、ふたつのコメントが載っていました。ひとつは友人で、「意外だった、そんな気配はなかった」という。ところが少し驚いたのは、母親が「これは罠である、アメリカの警察にはめられたんだ」と言ったことです。私はこんな弁解は成立するはずはないと思いましたけれども、その母親が間違っているというようなコメントは、それ以降も聞いたことがない。母親ならば自分の子を弁護するのは当然だと、アメリカ人は考えているわけです。*15

フランスやアメリカの母親のように息子を信じ、世間から息子を守ろうとする方向性は、理屈として理解できる。理解はできるが、日本の親が同じことをやれば袋叩きにあってしまうだろう。一方、世間という喧しい妖怪を相手に、息子に代わって謝罪する日本の父親の心情に同じ日本人として共感を覚える人は少なくないと想像する。しかし、欧米人には理解できない行為かもしれない。子どもを愛する親の心情は共通しているのに、その発露は一八〇度違っている。

外に弱い日本の家族

ルース・ベネディクトは、『菊と刀』のなかで、こんな例をあげている。

（日本の）子供は八、九歳にもなると、家族の者から本当に排斥をくうことがある。先生が彼が不従順、もしくは不遜なふるまいをしたことを報告し、操行に落第点をつけると、家中の者が彼に背を向ける。店屋の主人から、なにかいたずらをしたといって非難されると、それは「家名を辱めた」ことになる。家族は一団となってその子供に非難攻撃の鋒先を向ける。私が知り合いになった二人の日本人は、十になる前に、父親から、二度と家の敷居をまたぐなといって追い出されたことがあるが、さて恥ずかしくて親類の家へ行くわけにもゆかない。彼らは教室で先生から罰をくったのである。この二人はどちらも納屋で暮らした。そして母親に見つけられ、やっと母親のとりなしで家に戻ることができた。*16

日本の家族は結束が固いと私たちは考えがちだが、外部からの圧力に対して家族のメンバーを護るという家族としての防衛機能は、欧米に比べてむしろ格段に弱いのではないか。ベネディクトは、ジェフリー・ゴアラのこんな主張を引用する。

大家族制、もしくはその他の部分的社会集団が活動している社会の大多数においては、ある

---

*15　柄谷行人『倫理21』二二頁。
*16　ルース・ベネディクト『菊と刀』講談社学術文庫、二〇〇五年、三三四ページ。

集団の成員の一人が、他の集団の成員から避難や攻撃を受けた場合には、その集団は一致団結して保護に当たるのが常である。引きつづき自己の集団の是認が与えられている限り、万一の場合、もしくは襲撃を受けた場合には、全面的な支持を得られるに相違ないという確信をもって、自己の集団以外のすべての人びとに対抗することができる。ところが日本では、ちょうどその逆になっているように思われる。すなわち、自己の集団の支持を得ることができるという確信をもちうるのは、他の集団から是認が与えられている間に限られるのであって、もし外部の人びとが不可とし、非難したならば、当人が他の集団にその非難を撤回させることができるまでは、あるいは、撤回させることができない限りは、彼の属する集団は彼に背を向け、彼に懲罰を加える。こういう仕組みになっているために、「外部の世間」の是認ということが、おそらく他のいかなる社会においても比類を見ないほどの重要性をおびている。[*17]

ベネディクトやゴアラは、日本における集団が一般的に外に対して抵抗力が弱く、内部のメンバーを外の脅威から護る力に欠けていると考えた。

なぜ、日本の家族は外に弱いのか。縁座や連座の制は犯罪の抑止目的だけではなく、秀吉の時代には統治の手段として用いられていた。加えて農業を基盤とする集落では、共同体による規制が発達し、共同体への奉仕が家族の都合に優先された。水や山林の共同利用に個々の農家は経済と生活を大きく依存していたため、農村内での世論に敏感にならざるを得なかった。村の規範から逸脱する行動をした人間を彼の家族が村の世論から庇い続けることは、家族全体を窮地に陥れる危険があった。人々は村八分を恐れた。それだけ共同体としての物理的、心理的縛りは厳しかった。

また、司馬遼太郎は武士の家についてこんなことを書いている。

物事が紛糾した場合、

「すべてお家のため」

ということで、個をおさえこみ、全体を生かすとする思想が濃厚になるのは江戸時代からで、忠順(まじめで従順)であることが日本における最良の生き方とされた。

江戸時代にあっては、主家に対してそうであっただけでなく、世々お禄を頂いている自分の家に対しても同様であった。

たとえば百石取りの家はそのお禄のおかげで、過去何代もの男女が衣食してきたし、将来もまた多くの子孫が養われてゆく。このためもし百石取りの家の若い当主が不出来で不埒なことをすれば、その母親を含めて一族の長老があつまって当主を押しこめにしたり、ときに

＊17　Gorer, Geoffrey, Japanese Character Structure, The Institute for International Studies, 1943, p. 27, ルース・ベネディクト『菊と刀』三三五ページより引用。

は切腹させ、上（かみ）の罰の家におよぶのを避けた。[*18]

乱世だった戦国期は下剋上に見られるように、秩序より上昇志向が価値をもっていた時代だから、はるかに風通しが良かった。しかし、幕藩体制が確立し、秩序維持が最重要課題となった江戸時代には、各家がお上の意向を忖度し、先手を打った。家を守るため、自分たちの生活、子孫の生活を守るために不心得な身内を切り捨てたのである。

もう少し時代を進めた一九三〇年代から四〇年代の、いわゆる軍国主義の時代、作田啓一は家族のありようの分析から、日本とドイツのファシズムの違いについて、国家権力による家族の捉え方を挙げている。

（ドイツでは：筆者注）親たちが昔ながらの信念を依然として持ち続けていたりすると、学校や成年組織などで訓練を受けた子どもは、親たちを監視し、その裏切りを報告すらしなければならなかったといわれる。古い家族の崩壊は独裁制の望むところであった。これに対して、日本の国家権力は決して家族の崩壊を望まなかった。むしろそれは家族主義のイデオロギーの浸透にきわめて熱心であった。日本の社会では家族は中央の権力に対してその成員を防衛する機能を十分に持たなかったからであり、むしろ家族こそ外社会の要求へコンフォーミティを育成する重要な機関であるとみなされてきたからである。[*19]

治安維持法で学生ら若者が逮捕されたとき、彼らの多くは家族のことを考えて転向したと言われる。そして被疑者の取調べの過程で、日本の捜査官が家族のしがらみを利用して自白を引き出そうとするのはいまでも変わらない常道手段だ。取調べのさい、容疑者はどんな言葉を投げかけられているのか、東京の三弁護士会による資料から引用しよう。

・「そのお前の事件を言い触れ回ってやる。お前の家族がそこに住めなくなってもかまわないのか。」

・「お前が犯罪者で、お前みたいな兄貴をもったら、妹が嫁にいけなくなるだろう、それでもかまわないのか。」

・「世の中には、バカみたいに正義感の強い者がいる。家に火をつけられたり、石を投げられたりする。そういうことが起きてから認めても遅い。認めないと必ず、そういうことが起きる。」

・「黙っていると家族が村八分にされ、町の商店から何も売ってもらえなくなる。」

・「子供を学校に行けないようにしてやる。一生住むところがないようにしてやる。病弱な母親を取り調べることになる。」

＊18　司馬遼太郎『この国のかたち　三』文春文庫、一九九五年、一〇頁。
＊19　作田啓一『価値の社会学』岩波書店、一九七二年、三〇九—三一〇頁。

・「妹の会社に行けば、妹がどうなるかわかるか。」
・「家業をつぶすのはわけないのだ。警察はなんでもできるのだ。」
・「爆弾犯人の息子がいるというので両親や妹たちは肩身のせまい思いをして暮らしているぞ。おれがいいようにしてやるから認めろ。」

いずれも実際に取調べを受けた人たちの証言である。取調べのさい、「うその自白をした」という二六人に弁護士会がその理由を尋ねたところ、次のような結果になった。

取調べの時間が長かった……………………二一
警察の留置場に入れられている時間が長かった……………一六
健康状態（体がもたないと思った等）……………一四
家族のことが心配（捜査官に家族を取り調べると言われた等家族への迷惑をおそれた）……………………………………一三
仕事その他自分の社会での立場が心配で……………九
家族と面会できなかった……………………八
弁護士と面会できなかった……………………七
同房者、看守などから自白をすすめられた……………一
留置場と取調室の異様な環境のなかで取調官からくり返して「おまえがやった」と言われると

本当にそうかなという気がしてきた……………………………………一〇
意識が朦朧として抵抗できない状態で自白調書に指印をおさせられた………九
ここで調書に指印しても裁判所はほんとうのことを判ってくれるから有罪にならないだろうと思った[*20]……………………………………………………………………一〇

注目されるのは「家族のことが心配」という項目で、半数の一三人がこの項目を挙げている。この国では、捜査の過程で犯罪とは無関係の家族が引き合いに出され、家族への情を利用する形で自白を迫る。そして裁判という国家主宰の唯一認められている加罰装置とは別に、村社会的けじめという情緒的懲罰の機能が働く。裁判では処罰の対象となるはずのない親や家族がときに、裁判とは無関係なところで裁判以上に厳しい責任を追及され、謝罪を求められる。もちろんこの二重構造は日本に限ったことではない。個人主義の意識の強いとされるフランスにも存在する。しかし、日本で現われる情緒的制裁の重さは圧倒的だ。

メディアは多くの場合、情緒的懲罰を求める世間に迎合してしまう。迎合どころか、率先して情緒的懲罰へと世間を誘導してしまうことさえある。親の謝罪を聞かなければ荒ぶれた感情を収められないという空間はいびつだが、残念ながら私たちはそういう現実を生きている。

*20　東京三弁護士会合同代用監獄調査委員会編『ぬれぎぬ　こうして私は自白させられた』青峰社、一九八四年、一三二頁。

第2章　さまざまな責任と謝罪

所属集団の責任

親だけではない。日本では個人の行為の結果が企業、学校など個人が属する集団組織全体の責任として意識されやすい。

集団責任という言葉はいかにも古臭いが、二十一世紀になってもそうとしか表現しにくい事象が巷にあふれている。身内から出たという恥を感じるためか、問題を起こした個人の所属する組織や組織の長が深々と頭を下げて謝罪するという光景はテレビでもお馴染みだ。

①企業

二〇〇八年十一月二十七日、こんなふたつの記事が新聞のインターネットサイトに載った。

〈痴漢：容疑の千葉県警職員を逮捕〉

路上で女性の下半身を触ったとして、千葉県警千葉西署は二十六日、県警公安三課職員、〇〇容疑者（三五）を県迷惑防止条例違反（痴漢）の疑いで逮捕した。

〈痴漢：容疑の東京ガス社員を逮捕警視庁〉

電車内で女子高生の体に触ったとして、警視庁北沢署が東京ガス社員、〇〇容疑者（二三）を都迷惑防止条例違反（痴漢行為）の容疑で現行犯逮捕していたことがわかった。[*1]

犯罪を取り締まる側の警察職員が罪を犯したとすれば、「警察職員」という肩書きには意味がある。しかし、東京ガス社員という肩書きは必要なのだろうか。業務上の犯罪ならともかく、個人の私的な犯罪である。だが、公共性の強い企業や一部上場のような著名な企業の社員の犯罪は、日本ではその犯罪が私的なものであっても企業の名前も一緒に報じられる。そして企業はコメントが求められ、広報文やホームページ、場合によっては記者会見などでの対応を迫られてきた。この構図は、成人した子の犯罪であっても親が謝罪と責任を求められるのと同じだ。

二〇〇五年十一月、NHK大津支局の記者が連続放火の疑いで逮捕された。同年四月から五月にかけて一一件の放火とみられる火事が発生したが、この記者は四月中旬頃から体調の不良を訴

＊1　毎日新聞インターネット配信記事二〇〇八年十一月二十七日。

えて休みがちになり、五月十六日以降は出勤せず、休職扱いとなっていた。

記者逮捕を受けてNHK大津放送局の局長はニュース番組に出演して「報道に携わる者がこのような重大事件を引き起こしたことは痛恨の極み。お詫び申し上げます」と述べ、放送を通して被害者と視聴者に頭を下げた。*2

大津放送局の局長と副局長は放火にあった被害者宅を直接回り、事件の概要を説明して謝罪している。

また記者逮捕の当日、NHKの橋本元一会長（当時）は次のようなコメントを発表した。

「報道に携わる者が、このような犯罪を引き起こしたとして逮捕されたことはきわめて遺憾で、心からお詫び申し上げます。処分については、捜査の進展を見ながら厳正に対処したいと考えています。」

翌日、橋本会長は東京で記者会見を開き、まず「信頼回復に取り組んでいるなか、視聴者からの期待にそむき、大変申し訳ありません」と謝罪した。そのうえで自身の役員報酬の三〇％を三か月間返上し、副会長、放送総局長、副総局長の三役員も報酬の一〇％を三か月返上すると発表した。橋本会長は役員報酬返上に関し、「処分ではなく、あくまでも、被害者、視聴者へのおわびとして、目に見える形で（行なった）」と説明した。*3

以下はその記者会見でのやりとりの一部である。

記者「自分で放火し映像を撮ったり、取材していなかったか。」
ＮＨＫ石山副総局長「いっさい、本人の取材活動は放送に反映していない。」
記者「職場環境に問題はなかったか。」
原田総局長「担当デスクなどから聞いたところでは、記者から仕事上の悩みや私生活上の悩みなどで相談を受けていたが、新人記者、若者なら多くの人がもつ悩みで、特別なものとは現場は把握していなかった。重大な犯罪とどう結びついたのか、私どもも答えを出せない状況だ。」
記者「今回の事件は、記者の問題なのか、組織としての問題なのか。」
橋本会長「基本的には記者に起因する事件だと考えている。悩みをもっていたと言われているが、実際に事件にどう結びついていったのかは、捜査の進捗を確認しながら考えて参りたい。」

組織に所属している者がその責任を問われると、それが業務上のことであるかどうかとは無関係にその長が責任を負う。会見などによれば、問題の記者は精神を病んでいた可能性がある。さらにＮＨＫの幹部は組織的な問題ではなく、記者個人の問題だと考えているという。それでも直属の上長が、被害者宅をお詫びに走り、この記者とは一面識もないであろう東京のトップらが自らの減俸を決める。これは問題の記者を守ろうとするＮＨＫの家族主義・温情主義では決してあ

＊2　朝日新聞二〇〇五年十一月八日大阪地方版。
＊3　朝日新聞二〇〇五年十一月七日。

るまい。むしろ、部下の不始末を直接詫びて回り、機先を制して幹部の処分を発表することで、世間からの風当たりを弱めようとする組織防衛の色彩が強い。NHKが組織として最も恐れたのは世間の風向きだった。別な見方をすれば、日本という共同体にあっては、問題を起こした人間が所属する組織は、家であろうと企業であろうとまるごと針の筵に晒される。

②学校

二〇〇九年六月二十八日、横浜市の公園にある体育館の女子トイレで、私立小学校の教諭とその妻が現行犯逮捕されるという事件が起きた。容疑は盗撮である。読売新聞によると逮捕された四二歳の妻が、女子トイレで使い終わったトイレットペーパーの芯に隠しカメラを仕込み、隣の個室を盗撮しようとしたところ、これに気づいた女性が妻を取り押さえた。そのさい、夫の教諭は妻からカメラを受け取って走って逃げたが、女性の声でその女性の夫が駆けつけた。こちらの夫は現職の警官で、五〇メートル追いかけて捕まえた。警察の調べに対し、ふたりは「楽しむためにやった」と容疑を認めているという。

フジテレビ、日本テレビ、読売新聞は逮捕された夫の勤め先である小学校名を匿名で報じたが、TBS、朝日新聞、毎日新聞などは実名で報じ、判断がわかれた。その是非はともかく、ここで取り上げたいのは学校名を匿名で扱ったフジテレビが特に学校の「謝罪」を取り上げていることだ。

「○○容疑者は、川崎市内にある小学校で図工を教えており、非常に指導熱心で生徒からも慕われていたという。小学校は、『現在、事実関係を確認中で、世間をお騒がせして、まことに申し訳ありません』とコメントしている。[*4]」

テレビ局の取材に対して「世間をお騒がせして、まことに申し訳ありません」と学校が謝罪する。教諭が起こした事件は業務上のものではなく、私的時間に私的な範疇で起こした犯罪で、学校側に責任はないと考えられる。しかし学校は容疑者の不始末を詫び、身内に逮捕者が出たことを恥じる。

学校は翌日、ホームページの「お知らせ」という項目で次のような「お詫びとお知らせ」を掲載した。

このたび、○○（実名）小学校一教諭が教育者としてあるまじき不祥事を起こしましてまことに遺憾に思っております。詳細については現在警察で調査中ですが、本校の教育を信頼している子どもたち、保護者の方々、そして世間の皆様に、多大なご心配をおかけし、教育への信頼を失墜させたことを心からお詫び申し上げます。

本校といたしましては、事実関係をできるだけ早く掌握し、子どもの心のケアに努め、臨時保

＊4　fnn-news.com 2009. 6. 29 12 :23

護者会を行なうとともに、今後二度とこのような不祥事を起こさないよう、十分に注意し、指導してまいります。

平成二十一年六月二十九日
○○小学校長○○○○

逮捕されたからといって有罪と決まったわけではない。推定無罪の原則がある。ましてや学校も「事実関係をできるだけ早く掌握し」と述べているように、この時点で詳細はまだわかっていなかった。にもかかわらず、一刻も早く謝罪する。学校が謝罪する意味はどこにあるのか。身内の「逮捕」という風評は、身内全体を害する恐れがある。こうしたケースでは多くの場合、抗議や非難のおびただしい電話がかかり、ホームページには罵詈雑言が書き込まれる。正義感に燃えるからなのか、日頃の鬱憤を晴らす対象を見出したからなのか、かなりの部分が学校とは無関係の、匿名によるものだ。そしてなによりも学校が恐れたのは、普段は身内と意識されながら、このときには外部、より正確に言えば身近な外部である保護者が募らせるであろう怒りや不安であっただろう。だからこれを速やかに鎮める必要があった。一方で、問題教諭の身内としての学校の謝罪は、教諭への学校の制裁を可能にしている。彼が解雇されたかどうかは不明だが、学校に戻って前と同じような形で学校に復帰できるとは考えられない。なによりも保護者対策のために学校はこの教諭に強く対応しただろう。そこにはＮＨＫの場合で見たように組織の防衛という内部論理が透けて見える。

しかし、こうした謝罪は私が八年近く特派員生活を送ったフランスでは考えにくい。学校の外で、業務とは関係のないところでの犯罪は、あくまで個人の問題であり、個人が責任を問われ、償うことで完結する。学校は無関係だと考える。したがって、この教諭に対するけじめは、国家主宰の裁判で法的制裁を加えることで果たされる。問題教師が自ら教える学校で盗撮事件を起こせば話は別だが、業務とは別の個人の時間で起こした犯罪なら、学校が社会に対して彼の不始末を謝罪することはあり得ない。それでも学校がコメントするとすれば、せいぜい「彼の行為は教育者として残念だ」などという突き放した第三者的なものになるだろう。

③大相撲

相撲協会はその性質上、日本の伝統を最も残している組織だ。弟子と親方、部屋、かわいがりと呼ばれるしごき、横綱に求められる品格など挙げればきりがない。外国人力士もずいぶん増えていまでは国際色豊かだが、彼らもいったん角界に足を踏み入れれば、しきたりに従わなければならない。きわめて日本的とも見えるこの世界で、「逸脱者」はどう責任を求められるのだろうか。

二〇〇八年八月十八日、警視庁は大相撲の幕内力士、若ノ鵬寿則を大麻取締法違反の疑いで逮捕した。事件の概要はこうだ。六月二十四日、東京都墨田区の錦糸町駅前の路上でタバコが入った財布を通行人が拾って交番に届けた。財布の中から外国人登録証が発見され、若ノ鵬のものだとわかった。一方不審なにおいがしたため、たばこを鑑定したところ、大麻成分が含まれていた。警察は自宅マンションと間垣部屋を家宅捜索し、マンションからは吸引具も見つかったという。警察の取調べに対し、若ノ鵬は「六本木で外国人にもらった」と容疑を認めたという。

若の鵬はロシア出身で二〇〇四年秋に来日し、翌二〇〇五年春場所に初土俵を踏んだ。二〇〇七年一月の初場所で十両昇進、同年十一月の九州場所で新入幕を果たした。現役幕内力士の逮捕は初めてのことだった。

この事件でひとつの論点となったのは、メディア各社が少年法との関連で実名報道に踏み切るかどうかという問題だった。逮捕された時点で若ノ鵬は一九歳一一か月と二〇歳未満で、少年法の保護対象の年齢だった。ならば報道は少年の保護や更生のため匿名にするのが原則だ。しかし結果的には各社とも実名で報じた。読売新聞は八月十九日の社会面で次のような「おことわり」を掲載している。

「おことわり　読売新聞社では、少年法の趣旨を尊重し、少年犯罪に――逮捕容疑の当時は一九歳一一カ月だった――ついては匿名を原則としていますが、今回は、①容疑者が幕内力士の地位にある②本人が逮捕容疑を認め、日本相撲協会による処分が確実とみられる③大麻使用が常習化していた疑いがある④逮捕容疑の当時は一九歳一一カ月だった――などの理由から実名で報道しました。[*5]」

TBSをはじめ、テレビ局のなかには匿名から途中で実名に切り替えた社もあったが、そのきっかけとなったのは逮捕が発表された当日の夜に行なわれた日本相撲協会の北の湖理事長の記者会見だった。相撲協会が実名を出してお詫びしたことが切り替えの根拠とされたのだ。

読売新聞の記事から記者会見の内容を見てみよう。

「北の湖理事長は、約五〇人の報道陣を前に沈痛な表情で謝罪文を読み上げ、『若ノ鵬が逮捕されたことはあってはならないこと。申し訳ございませんでした』と深々と頭を下げた。……逮捕容疑の当時は一九歳だったことについても『未成年であっても関取だ。重く受け止めないといけない』と述べた。相次ぐ不祥事の責任について北の湖理事長は『二度と起こらなくするのが私の責任』と述べた。[*6]」

個人的な不品行であっても所属組織のトップが深々と頭を下げて謝罪する。これまで見てきたように日本では典型的なケースだ。では何について詫びているのか。大麻所持という法律違反を犯し、逮捕されたという事実から若ノ鵬に対する監督不行き届きについての謝罪ということなのかもしれない。しかし自由時間も含めた二四時間、協会の監視下に置けるわけもなく、教育を徹

＊5　読売新聞二〇〇八年八月十九日。
＊6　同前。

底するといっても当然限界がある。協会が責任を果たすとすれば、未成年が起こした犯罪でもあり、その更生のため力士としてなおいっそう精進させることではなかっただろうか。

逮捕から三日後の八月二十一日、日本相撲協会は理事会を開き、若ノ鵬の解雇を決めた。北の湖理事長は記者会見で「協会に迷惑をかけたうえ、本人が（容疑を）認めている」と解雇の理由を説明している。*7

果てしのない責任

一九二三（大正十二）年十二月二十七日、世に言う虎ノ門事件が起きた。第四十八回帝国議会の開院式に臨もうとして摂政宮皇太子裕仁親王（のちの昭和天皇）が虎ノ門に差しかかったところ、男が宮の車に近づき、銃で狙撃した。同乗していた東宮侍従長が軽傷を負ったが、宮は無事だった。丸山眞男は東大で教鞭を執っていたE・レーデラーの驚きを次のように記している。

彼がショックを受けたのはこの熱狂主義者の行為そのものよりも、むしろ「その後に来るもの」であった。内閣は総辞職し、警視総監から道筋の警護に当たっていた警官に至る一連の「責任者」（とうていその凶行を防止し得る位置にいなかったことを著者は強調している）の系列が懲戒免官となっただけではない。犯人の父はただちに衆議院議員を辞し、門前に竹矢来を張って一歩も戸外に出ず、郷里の全村はあげて正月の祝を廃して「喪」に入り、太助の卒業した小学校の校長並びに彼のクラスを担当した訓導も、こうした不逞の徒をかつて教育した責を負って職を辞したのである。このような茫として果しない責任の負い方、それをむしろ当然とする無形の社会的圧力は、このドイツ人教授の眼には全く異様な光景として映ったようである。[*8]

丸山は「國体」という名で呼ばれた非宗教的宗教が、「限界状況」においてただちにおそるべき呪縛力を顕わにした、と述べている。確かに狙われたのは皇太子であり、「國体」との関連づけは不自然ではない。しかし、私はむしろこれまで見てきた日本の集団責任主義の典型的な反応なのだと思う。責任の追及あるいは引き受け範囲が家族、学校、村、警察、内閣とさまざまな方向や形で広がっていったにすぎず、決して不思議なことには思えない。虎ノ門事件の起きた大正十二年といえば、大正デモクラシーの第三期と言われる時期であった。それまでの歴史では経験したことのない自由を謳歌した時代であっても、いったん事が起きれば集団責任主義が露骨に世間を覆う。このときはたまたま「國体」という源氏名だったにすぎない。

＊7　読売新聞二〇〇八年八月二十二日。
＊8　丸山眞男『日本の思想』岩波新書、一九六一年、三二頁。

自然現象による責任

鎌倉幕府法の中に起請文失の条がある。中世の裁判において、刑事事件の被疑者が自己の無実を立証するために、あるいは民事事件における当事者が自己の主張の真実を証明するために、起請文を書いて一定期間神社に参籠し、その間に起請人の身辺に特定の現象（すなわち神の怒りの表現）が生じなければ宣誓の真実が立証された。以下の九項目がその特定現象の列挙であり、このうち一項目にでも触れればすなわち起請失のあらわれと判定されたという。*9

定

起請文の失条々

一鼻血出づる事。

一起請文を書くの後、病の事。〈ただし本（モト）の病を除く〉

一鵄（トビ）、烏（カラス）尿を懸くる事。

一鼠のために衣裳を喰はるる事。

一身中より下血（★1）せしむる事。〈ただし、楊枝を用ひる時、ならびに月水の女および痔病を除く〉

一重軽服（★2）の事。

一父子の罪科出来の事。

一飲食の時、咽ぶ事。〈ただし、背を打たるる程をもって、失と定むべし〉

一乗用の馬斃るる事。

右、起請文を書くの間、七箇日中その失なくば、いま七箇日を延ばし、社頭（★3）に参籠せしむべし。もし二七箇日なほ失なくば、惣道の理（★4）につきて御成敗あるべきの状、仰せによって定むる所件のごとし。

　文暦二年閏六月廿八日

（★1）出血。

（★2）喪に服すべき親族の死亡。

（★3）任治元年十二月の追一五七条では、京都にあっては他社の社官といえども北野神社に参籠すべきことを命じており、鎌倉では鶴岡八幡宮が指定されていたといわれる。

（★4）いわゆる道理と同義か。[*10]

自然現象にまで責任の有無の判断を求めるというのは、現在の責任概念からはとうてい受け入れられない。しかし歴史学者で「世間」の研究者としても知られる阿部謹也は言う。

＊9　笠松宏至ら『中世政治社会思想・上』岩波書店、一九七二年、一二四頁。
＊10　同前一二四―一二五頁。

動物や鳥などとの関係については、今では近代化の結果起請文失の条にみられるようなことはなくなっているが、この法の背景にあるのは自然との調和という考え方である。ここで「自然界」という場合、現代人が考える自然界とはやや異なっている。ここでいう「自然界」とは、「世の中」や「世」は原則として動物や鳥あるいは非生物をも包含する世界であった。したがってそれらの自然界の存在と調和していない者には何らかの問題があると判断された。その状態がケガレである。[*11]

責任の行方を決めるさい、自然現象との調和がひとつの判断材料となった。つまり人の責任を明らかにする手段として自然現象が利用されたのである。争いを〝公平〟に裁くうえで自然現象の利用価値は高かったのかもしれないが、そうした不確実性、偶然性を排除することが近代化の証でもあった。

なんらかの事態が起きたとき、責任を負うべき対象が常に求められるのは昔もいまも変わらない。起きた事象によって波風のたった世の中を鎮めるためには、〝責任ある者〟を抽出し、処罰する必要が生じるからだ。

親に謝罪を求め、組織ぐるみの反省を迫り、責任の範囲が曖昧に広がる現状を考えると、自然現象に〝犯罪〟の責任を訊ねた昔を一笑に付すことはできない。

＊11　阿部謹也『世間とはなにか』講談社現代新書、一九九五年、七一頁。

第二部　自己責任・イラクより怖い国

日本人は集団責任が好きだ。不始末を働いた個人と共に、個人が所属するさまざまな集団に非難が向かう。そしてその所属集団は非難を当然のモノとして受容し、頭を下げる。得体の知れない大きな力が個人や集団の深層心理に働きかける。自分の不始末ではないのに、謝らずにはいられない。詫びることで心の負担が軽くなる。目には見えないそんなメカニズムが社会を牛耳る一方で、この国ではときに激しく自己責任が求められる。

第3章　イラク人質事件で問われた自己責任

自己責任という言葉で被害者たちが厳しく糾弾された忘れ難い事件がある。二〇〇四年四月七日、日本の若者三人がファルージャ郊外でイラクの武装グループに拉致され、人質になった事件である。

この事件が起きたとき、私はバクダッドにいた。イラク戦争で首都が陥落してからちょうど一年、イラクの何がどう変わったのかを取材するための三度目の現地入りだった。

武装グループは人質解放の条件として、日本政府に対しサマワに駐留していた陸上自衛隊を四八時間以内に撤退させるよう要求した。ときの小泉内閣は窮地に陥ったかに見えたが、日本の世論は人質になった三人と、救出を訴えた三人の家族に対する自己責任の追及に収斂していく。なぜ被害者であったはずの彼らとその家族が自己責任という言葉で糾弾され、非国民などという化石のような言葉を浴びせられなければならなかったのだろうか。

イラクより怖い国

こんな川柳が詠まれるほど、無事解放された三人の日本人に対して、祖国は激しい非難を浴びせた。

イラクより母国の方が怖かった（藤枝市河合文路[*1]）

アラブ首長国連邦のドバイを経由して羽田空港に到着した三人は、カメラの放列のなかで頭を垂れ、足早に迎えのバスに乗り込んだ。まるで犯罪者の移送だったと海外メディアの特派員は書き送っている。三人の人質のひとり、高遠菜穂子は解放されたあと、自分たちが祖国日本でどのように責められているかを知り、経由地のドバイで診察した医師にＰＴＳＤとの診断を受けている。高遠の手記には次のように記されている。

最悪の事態を免れ、喜びに満ちるはずの結末は、私の心に新たな不安と恐怖をうわのせすることになった。生きて帰っては行けなかったのだろうか。死んで遺体となって帰ってくることを望まれていたのだろうか。（中略）

自分は日本中に大迷惑をかけたとんでもない人間だという思いでがんじがらめになってしまった。（中略）

自分は生きるに値しないとしか思えなくなり『死』が魅力的に感じられるようになった。[*2]

高遠がイラクに初めて入国したのは二〇〇三年五月一日だった。アメリカのブッシュ大統領(当時)がイラク戦争の大規模戦闘終結を宣言したのとちょうど同じ日である。高遠は、ボランティアとして複数のNGOとともに病院調査、医薬品運搬、学校再建などに取り組んだ。二〇〇三年十一月十八日からのおよそ三か月に亘る三回目の滞在では、主にストリートチルドレンの自立支援活動に従事した。そして二〇〇四年四月七日、四回目のイラク入国のさい、ファルージャ近郊でふたりの日本人と共に「サラヤ・アル・ムジャヒディン」と名乗る武装集団に拘束されたのである。

三人のなかで最年少の一八歳、今井紀明は無事に帰国したときの思いを著書に記している。

羽田空港に降り立った。異様な数の報道陣に囲まれながら、私は空港の内部を歩き続けた。フラッシュが一秒間に何回輝いたことか。……動悸が激しくなり、フラッシュが輝くたびに、『お前たちは罪人だ』と頭からたたき込まれているような気がしてならなかった。[*3]

*1　大伴閑人選「朝日川柳」朝日新聞二〇〇四年四月二十二日。
*2　高遠菜穂子『戦争と平和』講談社、二〇〇四年、一四七頁。
*3　今井紀明『自己責任』講談社、二〇〇四年、一六八―一七〇頁。

今井は高校在学中からフリーライターの活動を始め、雑誌などに寄稿していた。彼はアメリカ軍がイラク戦争で使用した劣化ウラン弾の危険性を訴えるため、二〇〇三年十二月、市民団体「NO‼ 小型核兵器（DU）・サッポロプロジェクト」を立ち上げた。そして劣化ウラン弾の被害を自分の目で確かめようと、高遠らと共にイラク入りしたその日に拘束された。一八歳の、高校出たての〝子供〟が危険なイラクに行くのを止められない親は失格だとして彼の両親も非難を浴びた。

三人のなかにはフリーランスのカメラマン郡山総一郎もいた。二〇〇一年には「イスラエルの現実」と題した写真でよみうり写真大賞奨励賞を受けている。郡山がバグダッドに初めて入ったのは、バグダッドの中心部でフセイン大統領の像が引き倒された二日後の二〇〇三年四月十一日だった。このときに郡山が取材した写真と記事は週刊朝日のグラビアで掲載されている。

バグダッド陥落から一年の節目にイラクの実情を伝えようと再び入国し、武装勢力に拘束された。解放されて帰国した郡山は、次のように語っている。

「（お袋から）あんたはそうやってバッシングを受けようが何をしようが気にしないで海外に行ってしまえるからいい。でもあたしや洋介（弟）は日本に住み続けなきゃ行けないいんだよ」と言われたんです。それ以上は何も言えませんでしたね。……バッシングや嫌がらせが家族にいくんですよ。[*4]

二〇〇四年四月十八日、羽田空港を降り立った三人を待ち構えていたのは、報道陣の激しいフラッシュと「税金泥棒」「自業自得」などと書かれた手製のプラカードだった。空港近くのホテルに設けられた記者会見場では、病気を理由に欠席した三人に代わって家族がそれぞれのメッセージを読み上げた。

高遠菜穂子のメッセージ（弟・代読）

日本の皆様、世界じゅうの皆様に大変なご迷惑をお掛けしましたことを伏してお詫び申し上げます。解放されたことは徐々に受け止められるようになりましたが、現実を掌握しきれておりません。心身ともに回復するまでいましばらくお待ち下さい。必ずお話しいたします。[*5]

郡山総一郎のメッセージ（母・代読）

このたびは国民の皆様に多大なるご迷惑をお掛けしたことを反省しております。お詫びの言葉もございません。無事帰国できたことを感謝しています。[*6]

＊4　郡山総一郎『人質』ポプラ社、二〇〇四年、九九頁。
＊5　朝日新聞二〇〇四年四月十九日。
＊6　同前。

今井紀明のメッセージ（兄・代読）

みなさま、ご心配をお掛けし、申し訳ありません。救出に向けて多くの方々のお力を借り、感謝申し上げます。いまになって非常に疲労感が出ています。[*7]

彼らのメッセージからは、解放され祖国に無事帰って来られた喜びは微塵も感じられない。代読という形で発せられているのは、謝罪の言葉だけだ。謝罪をするということは責任を感じ、その責任を引き受けるという態度の表明でもある。しかし、それは誰に対する、どんな責任であったのか。

日本では「世間をお騒がせして申し訳ない」というコメントが記者会見の席などで決まり文句のように発せられる。このときも、「日本の皆様、世界じゅうの皆様」や「国民の皆様」、「みなさま」と表現しながら、彼らが向き合った相手はこの世間である。彼らにとっては日本全体を敵にしたような感覚に陥ったに違いない。

この国では、謝罪という態度の表明こそが重要だ。謝罪の相手がはっきりしなくても、謝罪の内容が漠としていても、とにかく謝罪を強いる強烈な力が働く。

彼らの謝罪から受け取れるものは、責任を引き受けるという決然とした覚悟というより、自分たちと家族全体に向かった激しい世間感情への怖れであり、バッシングへの恐怖だった。

世論の変化

拉致事件の発生直後、日本国内の世論は三人にむしろ同情的だった。しかし、ある日を境に形勢が変わる。二〇〇四年四月二十七日付けの毎日新聞朝刊は「イラク邦人人質：読者の声から見た事件」というタイトルで、東京本社の読者室に寄せられた電話、ファクス、電子メール、手紙などの投書およそ四五〇件を分析した興味深い記事を掲載している。

犯行グループが二四時間以内に人質を解放するとのニュースが流れ、最初の声明の「自衛隊撤退期限」となった十一日までは自衛隊のイラクからの撤退の是非を論じた意見が主流だった。そのうちの七割を撤退賛成論が占めた。

ところが、十二日になると撤退論と撤退不要論の比率が逆転する。この日は二四時間の期限を過ぎても人質が解放されず、外務省などに詰め寄る家族らのあせり、心を痛める様子が特にテレビで大きく報道された日だった。(中略)

十三日以降は「家族や本人は調子に乗りすぎている。自己責任であり、かかった費用は本人たちが負担すべきだ」(男性)などと、ほぼ七対三の割合で人質や家族への批判が大勢とな

＊7　同前。

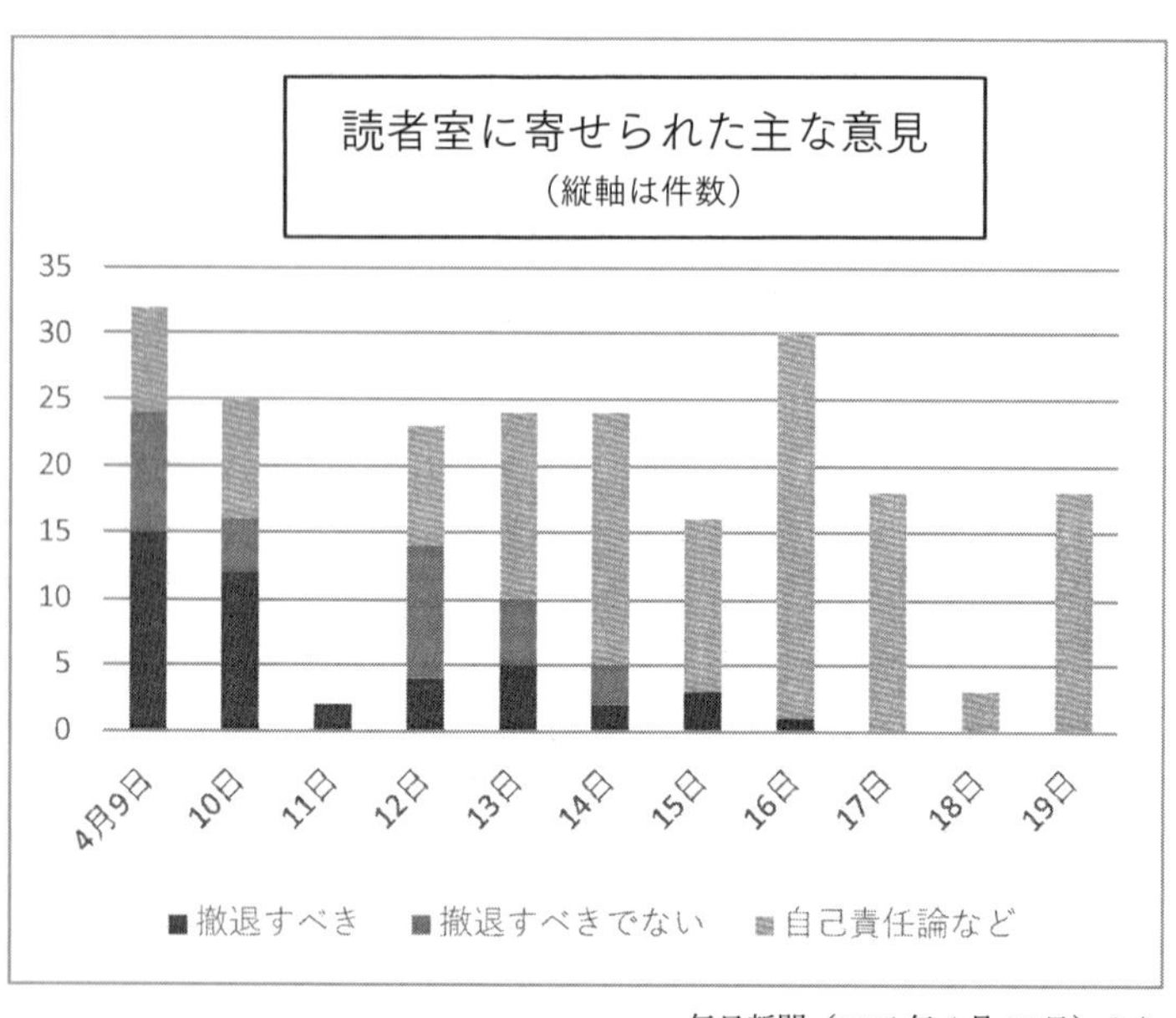

毎日新聞（2004年4月27日）より

った。*8

世論の流れが変わったとされる四月十二日。そのきっかけを作ったかもしれないというテレビ報道とはどんなものだったのか。

きっかけとなったテレビ報道

人質事件が起きてから三日が経過した二〇〇四年四月十日の夕刻、外務省の担当者が、家族の待機する北海道東京事務所を訪れた。大勢の報道陣が見守るなかで、担当者と家族たちの話し合いが始まった。

高遠・弟「我々も残り時間が本当に少なくて、一分一秒が大切な状況ですから、このままマスコミの方にいていただいたうえでのお話し合いというのは可能でしょうか。」

外務省の担当者「そもそもご家族とお会いするということで私ども参ったわけですから……。」

高遠・妹「済みません！　時間がないんです！　そんなこと言っている場合じゃないんです。」「特殊部隊を入れないで下さい。絶対助けなきゃいけないんです！」

高遠・弟「いま、普通の状況じゃないじゃないですか。そういう認識なんですか。いま、普通だと思っているんですか！」[*9]

強い調子で外務省の担当者を問いただす家族の様子は、この日が土曜だったこともあってニュース枠は短く、当日は控えめに報道された。しかし週明けの月曜には、ワイドショー、ニュースがこのやりとりを繰り返し放送し、家族の言動は世論の大きな反感を呼ぶところとなった。この月曜日こそ世論の流れが変わったと指摘された四月十二日である。

このあたりの事情について高遠菜穂子は手記のなかで次のように書いている。

＊8　毎日新聞二〇〇四年四月二十七日。
＊9　ＴＢＳ News23、二〇〇四年四月十二日。

いちばん世間で非難を浴びたのは弟が『いま普通じゃない！』と激昂し、妹が『それは止めてほしい！』と声を張り上げたシーンだった。けれど、弟たちの説明では、外務省の法人保護課の方が『普通でしたら、こういう手続きになります。』といわれたので、『いまは普通じゃない！』と怒ったのであり、イラクから電話があり『米軍の特殊部隊を突入させる』と言われたから、『それは止めてほしい。期限まで時間がないから日本政府がそれなりの態度を示してほしい』と訴えたのだ、という。実際は何度も頭を下げて謝罪の気持ちを述べたが、その場面はすべてカットされ、自分たちが激怒するシーンばかりが繰り返し流された。その結果、日本中から、謙虚のかけらもない『最低の家族』とレッテルを貼られることになったと、弟たちは嘆いていた。[*10]

東洋大学教授（当時）、石垣貴千代の次のような意見は人質家族に対する当時の世論を代表するものと考えられる。

ものの言い方、身の振舞い方を厳しく躾られていた昔の人は、テレビの前に出ることなどなく、市井の片隅で折り目正しく静かに身を処していたのである。どんなに辛くても身の不幸を人前で喚き非難し訴えることは、芥川の「ハンカチ」を待つまでもなく日本の美学には無かった。画面で人を納得させるのは、意見ではなく振舞いである。今度の事件で家族の対応が顰蹙を買ったのは、彼らに意見がなかったからではなく、あまりの身勝手さ、一方的要求ばかりの厚かましさ、自分のことしか見えない不遜さ、礼儀に悖る言葉遣いだった。[*11]

日本では他人に何かを求めるとき、求める内容の善し悪し以前に、まず謙虚な態度が求められる。その謙虚さを欠いたと見なされてしまった家族は日本じゅうから袋だたきにあった。それにしてもバッシングは常軌を逸していた。高遠菜穂子のホームページには、事件後の一日半で接続が十数万件という膨大な数になり、電子掲示板への書き込みは、高遠への非難や中傷の声が大半だった。[*12] 彼らの自宅、東京での家族の待機場所となった北海道東京事務所には、おびただしい数の非難や中傷の電話やファクスが寄せられた。家族に待機場所として東京事務所を提供していた北海道庁にも、なぜ提供するのかという抗議の電話が殺到した。

四月十三日には、「シミズ」と名乗る何者かが計十台のタクシーを家族の待機する北海道東京事務所に送りつける騒ぎも起きている。タクシー会社は「成田空港に至急行きたい」という注文があったと話しているが、悪質ないたずらとみられている。[*13]

＊10　高遠菜穂子前掲書、一四七頁。
＊11　石垣貴千代『イラク邦人人質事件』雑誌『游』二〇〇四年15号、三七頁。
＊12　朝日新聞社説二〇〇四年四月十五日。
＊13　朝日新聞二〇〇四年四月十四日。

一方、メディア側は拘束事件が自衛隊のイラク撤退議論に結びつくことを恐れた政府の誘導に乗せられてしまった感が否めない。その最たるものが「自作自演説」である。共同通信は次のような記事を配信している。この配信も四月十二日であったことは注目に値する。

「政府は十二日、イラク日本人人質事件でカタールの衛星テレビ、アルジャジーラが十日夜（日本時間十一日未明）に報じた『サラヤ・アル・ムジャヒディン（戦士旅団）』を名乗る犯行グループからの人質解放の声明文をめぐり、イラクの武装勢力にしては『日本の国内事情に詳しすぎ、不自然だ』（政府高官）との見方を強めている。文中に『日本の街の声に耳を傾けた』とあることや『自衛隊の（イラクでの）存在は不法なもの』とイラク復興支援特別措置法と憲法の整合性をめぐる国内論争を念頭に置いた記述が目立ち、『まるで日本人が書いたような違和感をもつ部分が多すぎる』（官邸筋）ためだ。（中略）

そのうえで『友人たる日本の人々にイラクにいる自衛隊を撤退するよう日本政府に圧力をかけるよう求める』と、政府と国民を区別する姿勢を打ち出していることについて、『そういう視点が』アラブ世界の人間にあるとは思えない」と分析。

米国による広島、長崎への原爆投下に言及している点などから『イラクのゲリラが広島や長崎を知っているのか。日本国内の人間とつながっている可能性も否定できない』（政府関係者）との指摘も出ている。[*14]」

記事を出した側は、複数の政府・与党関係者から情報を取ったうえで、政府のなかにはこういう見方もあるということを提示した〝サイドの記事〟のつもりだったと弁解する。しかし結果としてバッシングの向かう方向を誘導してしまったことはまちがいない。

この記事は、すでにインターネットの掲示板「2ちゃんねる」などで繰り返し流されていた「自作自演説」に勢いをつけた。日本最大の通信社がお墨付きを与えてしまったかっこうで、事実とは異なる情報がひとり歩きしていった。

バッシングのもうひとつのきっかけ

人質から解放された三人は、保護されたバグダッド近郊のモスクでアルジャジーラTVのインタビューを受けた。いま何がしたいかという質問に高遠菜穂子は次のように答えている。

「(イラクでの活動を)続けます。とっても不愉快なひどい目にあったけど……イラク人を嫌いになれない。[*15]」

*14　共同通信二〇〇四年四月十二日配信。
*15　TBS News23、二〇〇四年四月十六日。

多くのイラク人は高遠のこの発言に感謝し、日本人の寛容さに心を打たれたに違いない。しかし、日本国内での反発は凄まじかった。

「いかに善意の気持ちがあってもねえ、これだけの目にあって、これだけ多くの政府の人たちが寝食を忘れて努力してくれたのになおかつそういうことを言うんですかねえ。自覚というものをもっていただきたいですねえ。[*16]」（小泉純一郎首相・記者会見）

「（彼らを救出するために）大変なお金がかかったわけでして、誰も払ってくれる人はいないわけで。私、一部請求できるものはこの方々にも請求することにより、国民はいろんなことに自由はあるけれども、その裏返しとして責任もあるんだということを皆さんに知っていただく必要があるのではないか。[*17]」（冬柴鉄三幹事長、公明党代議士会）

「イラクでの活動を続けたい。イラク人を嫌いになれない」とインタビューに答えた高遠の言葉は、なんら非難を浴びる内容ではない。日本とイラクの関係という点からすれば、彼女の発言はむしろ称賛に値する。日本の為政者たちは「よく言ってくれた！」とさえ言うべき内容だった。日本の指導者たちが揃って非難を浴びせた背景には、これだけの苦労をさせておいて勝手な奴らだという自己中心的な憤りと、イラクへの自衛隊派遣という政策が事件に結びついたのだという政策決定者としての自覚の欠如が見てとれる。

もうひとつ留意すべきは高遠の発言が、どんな状況でなされたかということである。インタビューは人質として九日間拘束されたあと、武装勢力からイスラム教スンニ派のイスラム聖職者協会クベイシ師のもとに引き渡されたモスクで行なわれた。この間自分たちが日本でどのように報道され、どういう立場に追い込まれていたか彼らはまったく知らなかったのである。

彼らが状況を把握し始めたのは、モスクからバグダッドの日本大使館に移り、衛星放送でNHKのニュースを見てからだった。高遠は著書のなかでこう記している。

まず、驚いたのは、画面の左上にある「日本人人質事件」という文字だ。えっ、「人質事件」？「行方不明」の間違いじゃないの？「人質って誰？」思わず、三人で声を揃える。「みなさん方はまったく情報がなかったからご存じないでしょうけど、実はみなさんを拉致したグループから自衛隊撤退を要求されていたんですよ」上村さん（駐イラク臨時代理大使）が説明する。

それを聞いたとき、思わず、「はぁー⁉」と声を上げ、また頭のなかが混乱してしまった。自分たちが自衛隊撤退の要求と引き替えの「人質」にされていたとは、その瞬間まで、まっ

＊16　同前。
＊17　同前。

たく予想もしていなかった。[*18]

人質になって味わったはずの彼らの恐怖に対する同情や、状況がわからないままの素直な感情の吐露を受け止める寛容を、為政者はおろか日本全体が失っていた。

四月十六日、人質解放の報道を受けた高遠の妹は北海道の自宅前で記者たちの取材に応じ、高遠がアルジャジーラTVのインタビューで「これからも活動を続けます」と答えたことに対して「断固反対する」と強調した。高遠を迎えにドバイに向けて出発するさい、同じ質問を受けた弟は「（解放された三人は）自分たちが置かれた状況をわかっていない。正確な情報を伝え、サポートしたい」と述べている。[*19]

法律とは別の情緒的懲罰が広く許容される空間では、懲罰の程度や範囲が恣意的で際限のないものになる怖さがある。多くの人たちがそのときの空気を読んで行動すれば、少数意見は封殺されていく。社会にヒステリーを生み、異論を排除する全体主義が列島を覆ってしまう。

海外メディアはどう見たか

朝日新聞のまとめによれば、この日までにイラク武装勢力の人質となった外国人は、解放されたり殺害されたりした者も含めて、少なくとも二〇国籍、七二人に上る。[*20] そのなかで日本の三人だけが自己責任を問われバッシングを受けたこと、さらに政府と家族が反目しあったまま救出活動が行なわれていたことについて海外のメディアは総じて奇異の目を向けた。

フランスの新聞ルモンドのフィリップ・ポンス東京特派員は次のように総括している。

「人道的価値観に駆られて行動したひとりの若い女性の純粋さと無謀さは、必ずしも良好とは言えないこの国のイメージ（死刑制度、精神病者への人権の政治的制限など）を高めこそすれ、低めるものではない。彼女の存在を誇りに思うべきであるのに、日本の政治指導者や保守メディアは、解放された人質を『無責任』とこき下ろすことに喜びを感じている。[*21]」

ニューヨークタイムズ紙はこんな記事を載せた。

「イラクで人質となった日本の若い民間人たちが今週帰国したが、彼らを迎えたのは黄色いリ

＊18　高遠菜穂子前掲書、一五二頁。
＊19　日経新聞二〇〇四年四月十七日。
＊20　朝日新聞二〇〇四年四月十五日。
＊21　ル・モンド紙二〇〇四年四月二十日。

ボンの抱擁の温かさではなく、彼らの行動に否定的な国の冷めた視線だった。

犯罪者のように扱われ、解放された人質たちは身を隠し、事実上自宅にとらわれた囚人になってしまっている。人質となった女性、高遠菜穂子が両親の家に到着したとき、このときを最後に姿を見せていないが、彼女は打ちひしがれ、鎮静剤で呆然自失の様子だった。脇を身内の者に支えられてやっと歩きながら、彼女は国への最後の謝罪として報道陣の前で深々と頭を下げた。[*22]」

ロサンゼルスタイムズ紙は『敵意の渦中への帰還』との見出しをつけ、カナダ人の人道救援活動家の人質が地元モントリオールで受けた温かい歓迎と対比した。

「それは新たに解放された人質たちが西洋の国々でメディアの英雄として歓迎される様とはほど遠いものだ。たとえば、解放されたカナダ人人質、ファディ・ファデルは火曜の夜イラクからモントリオールに戻ったが、彼は空港で喜ぶ友人や身内たちに歓迎された。地元のパン屋は上に大きなカナダ国旗をのせたケーキを彼に贈った。（中略）

日本政府は彼らと彼らの家族をむしろトラブルメーカーとして扱った。その敵意のある部分はイラクからの自衛隊撤退という犯行グループの要求を認めるよう小泉首相に求めた家族への反発に由来するのかもしれない。[*23]」

また、イラクに連合軍として軍隊を派遣していた韓国の新聞、東亜日報は「罪人のように解放された日本人、肩を落として帰国」という見出しを付けた。

「彼らの様子は、手錠をしていないだけで、極秘に海外から移送された犯罪人と変わらなかった。イラクで武装勢力に拘束され、一週間後に解放された日本人のことである。（中略）韓国以外にも、フランス、中国、ロシアなど多くの国の人々が拉致されているが、人質にされた本人が謝罪する国は日本だけだろう。生還の喜びすら人質から奪ってしまった日本の社会はやはり侵略戦争を国ぐるみで進めた旧来の集団主義から脱却していない不気味を感じた。」[*24]

海外の主要メディアの多くはイラクで人質となり、解放された三人の若者を迎え入れる日本社会の雰囲気に驚きと違和感をもっていたことがわかる。

当時、ＴＢＳのインタビューに対し、アメリカの国務長官コリン・パウエルが答えた内容は日本でも大きな話題となった。

＊22　ニューヨーク・タイムズ紙二〇〇四年四月二十三日。
＊23　ロサンゼルス・タイムズ紙二〇〇四年四月二十二日。
＊24　東亜日報二〇〇四年四月二十日。

「すべての人は危険地域に入るリスクを理解しなければなりません。しかし、危険地域に入るリスクを誰も引き受けなくなれば、世界は前に進まなくなってしまう。彼らは自ら危険を引き受けているのです。ですから、私は日本の国民が進んで、よい目的のために身を呈したことをうれしく思います。日本人は自ら行動した国民がいることを誇りに思うべきです。[*25]」

「自ら危険を引き受けている」ことで、彼らは十分に自己責任を果たしていた。

*25 金平茂紀『テレビニュースは終わらない』集英社新書、二〇〇七年、七四頁。

第4章　自己責任というキーワード

この事件が起きた当初は、前章で見たように人質となった三人とその家族はむしろ世論の同情を集めていたと言っていい。家族がテレビ局のニュースに生出演して、三人を助けてくれるよう訴え、世論も同情し、理解を示していた。しかし、犯人グループが、自衛隊のサマワからの撤退を要求したことで事態は捻じれを見せ始める。もともと自衛隊のイラク派遣に反対していた国内の勢力はこれを機に政府へ自衛隊撤退を迫り、賛成派はこれに激しく反発した。その対立軸をごく簡単にまとめておこう。

自衛隊派遣反対派のロジックはこうだ。イラクに自衛隊を送ったのは政府であり、反米武装勢力にとって日本はアメリカと同列に置かれることになり、日本人は敵となる。イラクの地で日本人が標的とされるのは政府の決断の故であり、政府に責任がある。だからこそ自衛隊は撤退すべきだという主張である。労働組合、市民団体そして自衛隊のイラク派遣に慎重だったメディアもこれに加わった。

一方、派遣賛成派は、外務省が繰り返し入国を控えるよう警告してきたにもかかわらず、危険なイラクに入って拉致されたのは本人たち自身の責任であるとの立場をとる。そんな者たちのために国が決定を覆すのはおかしいという主張であった。政府・与党そして保守系のメディアがこの立場に立った。

世論は最終的に三人の若者にこそ自己責任があるとして、後者の支持に回った。一種異様なその盛り上がりは、いっさいの反論を許さないとでも言うような大きなうねりとなって三人と家族に襲いかかった。「自己責任」という言葉は、三人を非難する言葉として盛んに使われ、二〇〇四年の流行語大賞十傑にもなっている。

そもそも「自己責任」という言葉はどう生まれ、どう使われ、どんな意味をもっているのか。日本のいまを理解するうえでも、この言葉はカギを握っている。

自己責任という名の嵐

このイラク人質事件で「自己責任」という言葉が最初に登場したのは、私が調べた限り、事件が発生した翌日、二〇〇四年四月十日付けの産経新聞である。

「イラクでは日本人外交官も殺害されて治安悪化は深まっていた。外務省は再三、最高危険度の『退避勧告』を行なってきたのである。三人のうちひとりは週刊紙に写真や記事を売り込むフリーのジャーナリスト、もうひとりはフリーライターの若者、女性だけはイラクの子供たちへのボランティア活動に従事していた。同情の余地はあるが、それでも無謀、かつ軽率な行動といわざるをえない。確かに、国家には国民の生命や財産を保護する責務はある。しかしここでは『自己責任の原則』がとられるべきだ。危険地帯に自らの意志で赴くジャーナリストにはそれなりの覚悟が、またＮＧＯ（非政府組織）の活動家らにもそれぞれの信念があったはずだからである。[*1]」

次にこの言葉が登場したのは二日後に行なわれた外務省の竹内行夫事務次官の会見でのことだった。

「日本政府は外国においても法人保護に全力を尽くす責任がある。われわれの同僚が命を賭けて、と言うと大袈裟かもしれないが、治安情勢を収拾し、分析し、国民の皆さんに周知している。私たちはＮＧＯの役割を重視しており、協力関係にある。しかし、安全、生命の問題となると、自己責任の原則を自覚して、自らの安全を自ら守ることを改めて考えていただきたい。」

＊1　産経新聞社説二〇〇四年四月十日。

この記者会見は、四月十二日夕方に行なわれた。実はその前日、武装勢力は三人の人質を二四時間以内に解放するという声明を出していた。しかし、動きのないまま三六時間が経過し、関係者の間に落胆の色が濃くなったまさにそんな頃合いに開かれた記者会見だった。

竹内次官の発言は、交渉に行き詰まった政府が自己責任を強調することで、人質救出に失敗した場合の責任回避を意図したものであったとも解釈された。さもなければ、このタイミングであえて「自己責任の原則」を強調する必要はなかったからだ。

また、先に指摘したように、十日土曜に行なわれた家族と外務省職員のやりとりが、週が明けたまさにこの十二日の朝からワイドショーやニュースで繰り返し放送されていた。四月十二日は、世論の流れが人質と家族への批判に急速に傾いていく一日だった。竹内事務次官の発言はそうした最中(さなか)に行なわれた。そしてこの発言を契機に「自己責任」という言葉が広がっていく。十二日は世論の大きな転換期となった。

竹内発言の翌日、読売新聞は社説で次のように述べている。

「三人は事件に巻き込まれたのではなく、自ら危険な地域に飛び込み、今回の事件を招いたのである。自己責任の自覚を欠いた、無謀かつ無責任な行動が政府や関係諸機関などに、大きな無用の負担をかけている。深刻に反省すべきである。」[*2]

読売新聞はまず、自ら危険な地域に飛び込んだことが自己責任の自覚をかいた無責任な行動だと主張している。しかし、危険な地域に入ったことで引き起こされた事象に対して、ほかの誰でもなく自らが責任を取るということが一般に考える「自己責任」なのであって、「自己責任」という言葉の使われ方が論理的でない。さらに、自己責任の自覚とは危険なところに入らないことであるならば、ジャーナリストであろうとNGOのメンバーであろうと例外はないということになる。しかし当時の読売新聞の記事を改めて見返すと、バグダッド発の原稿が署名入りで複数紙面を飾っている。紙面で見る限り、当時読売新聞は少なくとも岡本道郎（四／九付け原稿）、中津幸久（四／十二）という二人の記者をバグダッドに派遣していた。イラク戦争終結から一年ということで、実際、私自身を含め、多くの日本人記者がバグダッドを中心に取材活動していたのである。人質になった三人のなかにはフリーランスのジャーナリストもいたわけで、読売新聞の記者はいいが、フリーのジャーナリストはだめだというのは矛盾している。したがって、危険な地域に入ったことを理由に「自己責任」を問う資格が読売新聞にあるとは思えない。

さらに、この社説では、「彼らの行動が政府や関係機関に無用の負担をかけている」として厳しく批判しているが、国民の安全を守り、保護することが政府の仕事であり、一方で政府に負担

＊2　読売新聞社説二〇〇四年四月十二日。

をかけないことがジャーナリズムの使命ではない。ジャーナリストは自らの危険を顧みず、危険な現場に出向いて、そこで起きている出来事を自分の目で見て伝えるからこそ意味がある。NGOもまた困窮する現地の手助けに危険を承知で飛び込むからこそ尊いのであり、読売新聞の主張には首をかしげざるを得ない。

西谷修はこう記している。

一国の政府、というより政権が、世論に反対の多い方針を選択するということはありうるだろう。けれどもその場合、政権は国民に対してその方針選択の責任を負わなければならない。それが政権を担当する政治家の基本的な責任というものだろう。なぜなら、日本の政府がそのような方針をとることによって、国際社会では日本国民皆がその結果を引き受けなければならなくなるからだ。

(中略)

その場合、拘束された人びとが政府とは違う考えで行動していたということは、「自業自得」(「自己責任」)で済ませるどころか、そういう人たちに対してこそ、政権はまず責任をとらなければならない。そのような人びとの命がけの努力が、政府が台無しにしかねないアラブ世界と日本との絆を繋ぎとめているのだから。どうみても救出と保護は政府の責任である。それが民主主義体制で政治をになうものの最低限の要件だろう。[*3]

その後、自己責任という言葉、あるいはその概念が、政府与党の政治家によって繰り返し喧伝されていく。

「（イラクに）行く人が自分の責任で行ったとしても、いったん、こういうこと（拉致事件）が起こると、どれだけの迷惑がかかるものか、考えてもらいたい。もう少し常識で判断してほしい。」（福田官房長官・当時）*4

「自己責任という言葉はきついかもしれないが、そういうことも考えて行動しないといけない。これは教育的な課題でもある。」（河村文科相・当時）*5

「山の遭難では救助費用は遭難者・家族に請求することもあるとの意見もあった。」（自民党・安倍幹事長・当時）*6

「渡航禁止について法制化も含めた検討を行なうべきだ。」（自民党・額賀政調会長・当時）*7

＊3　西谷修「誰に『責任』があるのか」『世界』二〇〇四年七月、岩波書店、一一六頁。
＊4　東京新聞夕刊1面二〇〇四年四月十五日。
＊5　読売新聞二〇〇四年四月十六日夕刊。
＊6　朝日新聞二〇〇四年四月十六日夕刊。
＊7　朝日新聞二〇〇四年四月十七日。

「大変なお金がかかっており、それは税金からでている。国民の前にその額を明らかにし、請求できるものは請求したらどうか。」（公明党・冬柴幹事長・当時）*8

与党政治家・閣僚が求める自己責任とは結局は政府に迷惑をかけるなという意味に読み替えられる。

自己責任論は、問題の本質を「世間知らずの若者がしでかした個人的な問題」に矮小化し、結果的に政府が採ったイラクへの自衛隊派遣という重大な政策転換に対する議論を完全に封じ込めてしまった。

自己責任の登場

そもそも自己責任という言葉が存在感を放ち始めたのは一九九〇年代のバブル崩壊以降である。その使用頻度はどういう変遷を見せているのだろうか。ここでは一九八四年以降の記事が検索できる朝日新聞のデータベースで見てみよう。

「自己責任」という言葉が最初に出てくる記事は一九八四年八月二十六日に掲載された「甘い投資話に隠された危険」という見出しの社説である。

社説は、「兜町の風雲児」とも言われた中江滋樹の「投資ジャーナル」グループが無許可で株の売買の取次をしたとして証券取引法違反の容疑で警視庁に摘発された事件を扱っている。

「今度の事件は単に投資家の自己責任の原則だけで割り切ってしまうわけにはいかず、投資家保護の面でも欠けるところがあったといわざるをえない。とくに問題なのは投資コンサルタントを対象にした法律がまだなくて、業者が野放しになっていることだ。」

その使われ方から、自己責任という言葉は既に一般化していたことがうかがえる。八月から年末までの五か月間で一九八四年に「自己責任」の文字が見出せるのは四つの記事だった。

「甘い投資話に隠された危険（社説）」（八月二十六日）
「生命保険会社の資産運用、消費者ローンも認める大蔵省が規制を大幅に緩和」（九月七日）
「二四時間営業・機械化進める銀行（米国マネー事情：7）」（十月十九日）
「つらい中年住宅ローン・教育費で四八―五五歳は赤字　五九年国民生活白書」（十一月九日）

テーマは投資、資産運用、銀行、ローン・教育費とすべてお金にまつわるものだった。

＊8　朝日新聞二〇〇四年四月十七日。

経済の話以外で「自己責任」が登場するのは、翌一九八五年二月六日「教育の自由化善か悪か」と題された討論記事だ。教育臨調の香山健一会長が次のように使っている。

「例えば、東大に入った学生には、それなりの努力があったはずだ。努力できるのも金のためだといわれると水かけ論になるが。とにかく、結果に自己責任は問われるもの。家庭の教育力といわれるものの差も、ある程度は認めるべきだ。平等主義を徹底すれば、すべての人間が同じ給与にならなくてはいけなくなる。」

一九八五年の一年間で朝日新聞の紙面に登場した「自己責任」という言葉は三八回で、そのうち二九回が経済関係の記事、五回が教育関係（そのほとんどは教育臨調）の記事だった。

十年後の一九九五年になると自己責任の紙面登場は一六二回を数える。そのうちのおよそ八九％、一四四回が金融関係の記事だった。まさにこの年、行き詰まった住宅金融専門会社が相次いで破たんした。

広がる自己責任

自己責任の登場頻度は年を追うごとに増加傾向を見せ、一九九八―九九年にひとつ目のピークに達する。特に九八年は自殺者が一気に増え、初めて三万人を大きく超えた年であり、セクシャ

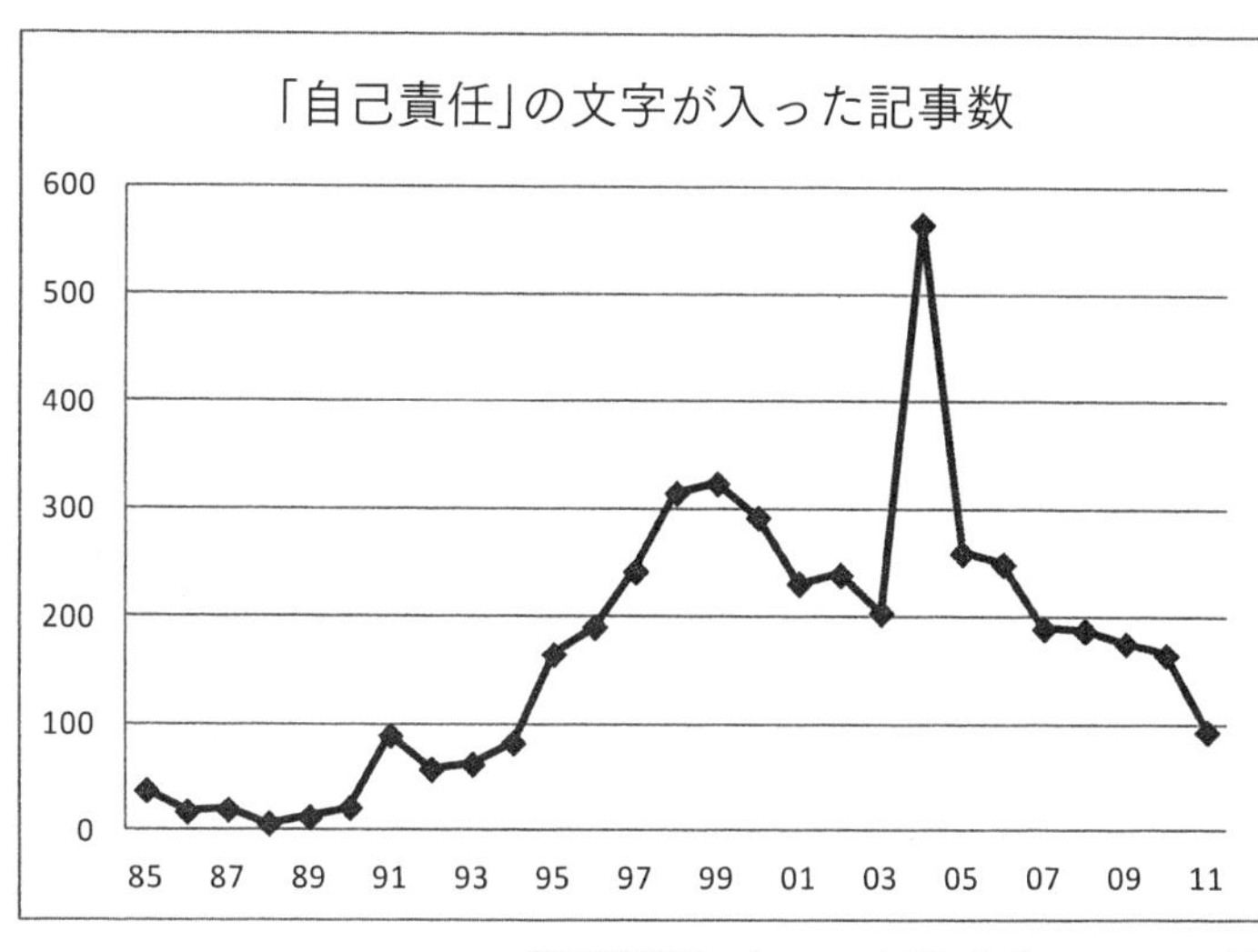

（朝日新聞データベースを基に作成　1985-2011年）

ルハラスメントの相談件数の激増や小中学校での不登校の急増、さらには前年十一月に起きた北海道拓殖銀行、三洋証券、山一証券など金融機関の連鎖倒産もあり、リストラという言葉が市民権を得た年でもあった。実質GNP成長率がマイナスに転じたのも一九九八年である。山田昌弘はこの年に日本社会の不安定化がはっきりし、社会意識に「構造的変化」が生じたとして、この年に生じた、あるいは顕在化した一連の事象を「一九九八年問題」と呼んでいる。ちなみに「自己責任」が紙面に登場する最大のピークは二〇〇四年で、イラク人質事件の発生により五六四回と突出している。

このように八〇年代後半から九〇年代にかけて、自己責任という言葉は主に経済金融の文脈のなかで使われていた。証券や株式などを組み込んだ金融商品を購入した大企業への証券会社の損失補塡が明らかになり、自らの責任による投資が改めて求められた。

九〇年代後半になると医療・福祉の分野でしきりにこの自己責任が強調されていく。医療保険制度の破綻を防ぐという名目で一九九七年には医療費の自己負担率が一割から二割に引き上げられ、二〇〇〇年からは三割負担となった。それに伴うように自分の健康は自分で守れと国の側から自己責任が唱えられていった。糖尿病や高血圧など従来「成人病」と呼ばれていた疾患が一九九六年に厚生大臣の諮問機関である公衆衛生審議会成人病対策部会の提言で「生活習慣病」と言い改められ、名称のうえでも患者自身の責任が明示された。障がい者の自立を促すという美名のもとに、実はコストカットの目的で導入された悪名高い「障害者自立支援法」（二〇〇五年成立、二〇一〇年改正）もその名から推察される通り自己責任を前提としていた。

自己責任という言葉の魅力

ルース・ベネディクトはその著名な著書『菊と刀』のなかで、「自己責任」を日本人がもつ伝統的な徳であるとしてきわめて肯定的に捉えている。

ふたつの自己責任

戦地取材を得意とするフリーランスのジャーナリスト安田純平は二〇一五年六月、内戦下のシリアに入り、現地の武装勢力に三年四か月拘束されていた。二〇一八年十月二十五日無事帰国を果たした。日本政府は安田の解放を現地の武装勢力に影響力をもつとみられるカタールに働き掛けており、解放の情報がカタールからもたらされたことから政府は解放に向けて一定の責任を果たしたと考えられる。

安田は紛争地で取材する意義について「現場を知る人間が増えることは、空論に踊らないためにも社会にとって有意義だ」と語っている。[*11]

拘束を受けている最中に、そして解放されてからも安田はふたつの自己責任を求められた。そのひとつが近代的価値を実現する本来の意味での自己責任だ。

自分自身の行動で自分の身に降りかかった災難は自ら引き受ける。安田の場合だったら、たとえ殺されても、他の誰のせいでもないということだ。自己責任という言葉は本人自身が使うことで意味がある。株に投資して失敗しても、危険地帯に入って殺されても自らの意思で選択した以

＊10　瀧川裕英『自己責任論の分析』イラクから帰国された五人をサポートする会『いま問いなおす「自己責任論」』新曜社、二〇〇五年、七五―七八頁。

＊11　安田純平『ルポ戦場出稼ぎ労働者』集英社、二〇一〇年、二四八頁。

上、その行動の結果の責任は自らが引き受ける。それが自己責任ということである。この点で、自己責任を引き受けることに誰も違和感はないだろう。

帰国した安田は、日本記者クラブの記者会見でこう述べている。*[12]

自己責任についても当事者の私が述べることは言いづらいですが、紛争地のような場所に行く以上は自己責任であると考えています。紛争地において、「日本政府が何かしらの救出をする」ということは非常に厳しい環境にあります。なので、政府は退避勧告を出しています。そこに入る以上、相応の準備をし、自分で起きたことは自分で引き受ける準備、態勢だったり、心の準備をして入るものだと思っています。そこで自分の身に起きたことははっきり言って自業自得だと考えています。

自分の利害に最も関心をもち、自らの最大幸福を達成するために、自己決定権を行使するという意味でこの自己責任は「効率性」を満たす。この自己責任を引き受けることで、安田はシリアに入って取材をする「自由」を得たし、万一の事態が起これば、他の誰でもない自分がその責任を引き受ける「公平」も担保した。さらに彼の自己責任は肌の色とか先天性の障がいとか本人にはどうしようもないところでの責任ではなく、自ら選んだ行動に伴う責任について引き受けるという「平等」も実現している。安田はそれを「自業自得」と表現した。

厄介なのは安田に求められたもうひとつの自己責任論である。退避勧告を無視してシリアに入り、拘束された安田の行動が周囲や国に迷惑を掛けたのだから、その責任をとるべきだというものである。ネット上の非難もほぼこの意見に集約される。

記者会見で安田はこう述べている。[*13]

一般論になりますが、行政が何をするかはまったく別だと思います。本人がどういう人であるかによって行政の対応が変わるとなると、民主主義国家として重大な問題であると考えています。今回の外務省の対応について、国として、行政としてやるべきこと、できることをやっていただいたと私は解釈しております。紛争地で人質となった日本人の救出は非常に難しいなかで、可能な限りの努力を三年四か月のあいだ続けてくださいました。解放の理由やきっかけはわかりませんが、日本政府の原則として「邦人保護は必ず」「身代金を払うことは絶対にしない」というふたつが大原則ということですが、その範囲のなかでできることをずっと探っていたと解釈しています。

国民の生命・財産の保護は、国に課せられた最も大きな使命のひとつである。国民の生命の危

＊12　AERAdot. 018. 11. 2 16: 47 dot

＊13　同前。

機に際し、国の使命を果たす責任があるという意味で、国は当事者であった。当事者は当事者としての責任を果たしたとも言える。その一方で、当事者でもなく、なんの迷惑を被ってもいないはずの第三者が声高に自己責任を求める。このような自己責任の求められ方は日本の特徴だ。

ここで、追及された自己責任はイラク人質事件とまったく同じだ。その責任は大きく三つに大別できる。

①退避勧告の出ている危険なところに入ったことへの責任
②救済のために国や多くの人たちに迷惑をかけたことへの責任
③ひとりの〝不心得者〟の救済に税金が使われたことへの責任

そしてこうした自己責任の追及のされ方にはいくつかの特徴がある。

①追及者が利害関係のない第三者であること
②攻撃する第三者も攻撃を受ける当事者も同じ共同体に属すること
③国や世間という共同体としての立場の代弁
④均衡を欠いた感情的で執拗な攻撃
⑤旺盛な〝正義感〟、高潔な〝道徳〟が透けて見える言説

⑥ジャーナリストやボランティアの公共的役割に対する軽視、蔑視

突き詰めて言えば、この自己責任は共同体のルールを無視し、共同体に迷惑をかけた責任をとれと、共同体に所属する第三者が安田に迫っているということだ。つまり、共同体という集団からの逸脱を責めている。これは本来の自己責任とは異質なものだ。むしろ集団主義に起源が見出せる責任論だ。

日本にはびこる自己責任論は結局、集団責任とコインの裏表の関係にある。効率性や自由、平等、公平の価値を備えた自己責任とは別物だ。

パリに本部のある国境なき記者団は安田が「謝罪を強いられたことは受け入れがたい」とコメントを出している。

自己責任という言葉が果たした機能

「自己責任」という言葉は、イラク人質事件で実際にどんな役割を果たしたのか。石田英敬は「自己責任」という言葉が「イデオロギー語」としてきわめて有効に機能したとして、この言葉が果たした具体的な役割を次のように分析している。

それは、自衛隊派遣という事件発生のもともとの起因文脈を不問に付すことに貢献した。人道的な価値を、「個人の落ち度」をめぐる物語に書き換えることに成功した。人道主義的NGOの活動全体をうさんくさいものにすることに役だった。そして「個人」の落ち度と限界にフォーカスを当てることで、対照的に「自衛隊こそが人道復興支援」をおこないうるという議論を補強することに役だった。政府の「責任ある」態度を演出することにも役だった。そしてなによりも、事件の直接の隣接的事実文脈である人質事件の舞台ともなったファルージャで行なわれていた米軍による一〇〇〇人にも及ぶといわれる住民の虐殺の出来事を見えざる位置に置くことに成功したのである。また、家族からの要求を退け、世論が政府の方を向くことを阻止したのである。*[14]

加えて、自己責任という言葉の人質非難の代名詞化で、言論の自由や人権が封殺された面も指摘できる。本来、拘束されている者を救う目的でその家族が自衛隊の撤退を政府に求めること自体にはなんの違法性も認められないし、家族としては無理もない感情だろう。家族は身内の命を救う手立てとして、自衛隊の一時的な撤退を求めたのにすぎないのであって、政府への政策変更を求める市民運動が盛り上がったことと家族の切実な思いを混同することは間違いだ。

しかし、実際には家族の要求が批判の大きな論点となった。読売新聞の社説はこう訴えた。

「人質の言動にも、いささか疑問がある。記者会見で、公然と自衛隊の撤退を求めていることだ。人質の安全を望むのは、家族として、当然だ。だが、武装グループの脅しに応じ、政府の重要政策の変更まで求めることが、適切と言えるだろうか。[*15]」

激しいバッシングに晒された家族は、その後自衛隊の一時撤退をいっさい口にしなくなり、謝罪を繰り返す。

南ドイツ新聞は、人質三人がまだ拘束されていた十五日付けの紙面で、前日、東京の外国人特派員協会で人質の家族が行なった記者会見の様子について「日本人人質家族に口かせ」というタイトルで興味深い記事を掲載している。

「だれがどのように彼らを黙らせてしまったのだろうか。彼らはその理由を語ろうとしないが、イラクで誘拐された日本人の家族たちは、日本政府に対する非難が及ぶと、突然、口を閉じてしまう。わずか三日まえには家族たちは声高に自衛隊のイラク撤退を要求していたのである。」

＊14　『世界』二〇〇四年七月、岩波書店、一〇八頁。
＊15　読売新聞社説、二〇〇四年四月十三日。

この記事を書いた同新聞のヘンリック・ボルク東京特派員（当時）はＴＢＳのインタビューに対し、「この記者会見にショックを受けました。まるで自由のない国にいるようです」と答えている。

「自己責任」という言葉を弄した激しい非難は、思うところを表明する自由（表現の自由）という基本的価値すらおぼつかなくした。日本は敗戦を機に、個人が国家に徹底的に従属することを強いられた時代から、国家に対する個人の存在が確保され、尊重される時代になったはずである。基本的人権は戦後の日本国憲法が最も重んじる価値のひとつであり、自己責任もまた本来はその価値を肯定する同じベクトル上にある。

ところがこの事件では、自己責任が「入るな」と言った国の勧告に背いた〝逸脱者〟を集団で懲らしめる言葉として用いられ、基本的人権を抑圧する方向で機能した。

身内が殺されるかもしれない家族に対し、為政者は徹底的な不寛容の態度をとった。追い込まれている家族の心情を理解しつつ、政府の考えを丁寧に説明するという権力者の寛容は皆無だった。保守系メディアはそんな政府と一緒になって〝逸脱者〟の放逐に走った。

自己責任という名のすり替え

大阪府知事・大阪市長を務めた橋下徹は自己責任の重要性を強調する政治家（ただし、本人は政治から引退したと述べている）のひとりで、「日本は自己責任の国であり、ひとりひとりが自己責任に基づいて行動しなければならない」と繰り返し語っている。

橋下は大阪維新の会の代表として、二〇一二年の衆議院選挙に向けてまとめた公約集「船中八策」の根底理念として「選択、自己責任、切磋琢磨」を掲げている。「選択と責任はセット」と繰り返し強調したうえで、自ら情報を集め、選択し、選んだ結果は自己責任として受け入れる自立した市民像を目指すべきなのだと訴える。

自分が選択した以上、その結果を自ら引き受ける。この理屈に異を唱える人はいないだろう。しかし、本当に自らが選択したのかどうか、その選択に自分がどの程度関わっているのか、良く考えてみるとなかなか難しい。

店で、万年筆を買うとしよう。いろいろ書き味を試し、値段を比べて選択し、購入する。Aの書き味は一番だが、高額だ。Bの書き味はそこそこだが、値段が安い。インクカートリッジが使えるのかどうか、色の選択肢はあるのか、さまざまな要素を考えて選択する。購入した後で、やっぱりあっちの方が良かったと思っても、自分の判断の結果は自らが引き受けなければならない。確かにこれは自己責任だ。

しかし、自ら選んで入社した会社が倒産した場合はどうだろう。一九九七年十一月、業界老舗の山一証券が自主廃業したとき、ひとりの社員がテレビのインタビューに「なんと言っても十数年前にこの会社を選んだ自分の自己責任もありますから、仕方がないと思います」と答えていた。一方、山一証券の社長は記者会見で大泣きしながら「社員は悪くない。皆私が悪いんです」と声を張り上げていた。

就職のさい、その会社の財務状況などを裏の裏まで調べて就職先を決める学生は何人いるだろうか。社員になったあとも〝飛ばし〟を繰り返した揚句の裏帳簿を把握することなど出来るはずもない。とすれば、この社員は被害者の範疇だろう。それでもこの会社への就職は自らの選択だからとあきらめ、「自己責任」だと語るのである。

社会学者の桜井哲夫は太平洋戦争の戦争責任について、戦争を起こした指導者ばかりが悪いのではなく、従った国民も悪かった、国民にも責任があるのだとして「一億総懺悔」が唱えられた事実を指摘し、山一証券の社員と同じ思考ではないかと分析している。[*16]

山一の社長が「社員総ざんげ」を言い出さなかったのはせめてもの救いだが、経営陣の無能を責め、訴えることもできるはずの被害者の立場とも言える平社員がこんな会社を選んだのは自分なのだからと自己責任を引き受けてしまう。「会社が立ち行かなくなった責任」と「会社を選んだ責任」は別次元での話だ。社員の発言にはそのふたつの混同が起きている。会社自主廃業の責任は経営の責任であり、その代表である社長の責任は重い。その一方で、「自己責任」を引き受けようとする社員の側には責任についての徹底的な吟味はなく、むしろ運命論的な受容といったものを感じさせる。「自己責任」という言葉で、自ら過剰に責任を背負ってしまう一介の社員の姿は、子の過ちを謝らずにはいられない親の心情とも重なる。

橋下徹の唱える自己責任に話を戻そう。橋下は大阪府知事時代の二〇〇八年十月、私学助成の大幅削減に際して、削減反対の高校生と府庁で議論し、その様子はメディアでも報じられた。高校生は橋下が選挙で「子どもに笑顔を」というスローガンを掲げていたことを前提に、「税金を無駄な道路整備ではなく、教育に回してほしい」と私学助成の大幅削減を考え直すよう訴えると、「あなたが政治家になって、そういう活動をやってください」とはねつけた。

橋下府知事（当時）は、この討論のなかで、「いまの世の中は、自己責任がまず原則ですよ。誰も救ってくれない」と持論を展開した。これに対して、高校生から「それはおかしいです！」と意見が出ると、橋下は「それはじゃあ、国を変えるか、この自己責任を求められる日本から出るしかない」と反論した。文句を言うならなぜ公立に行かないのか。いやならもっと勉強して優秀な公立に行けば良かったのだ。お金のかかる私学を選んだのはあなたではないか。それがまさに自己責任だと橋下は主張している。優秀な公立に入れないのは努力が足りないからだというわけだ。確かに入学試験は平等であり、競争に勝たなくては入れない。それが自己責任なのは理解で

＊16　桜井哲夫『〈自己責任〉とは何か』講談社現代新書、一九九八年、六頁。

きる。ただ、不幸にして合格できなくとも、第二、第三の受け皿があり、勉強ができる、そういう環境を整えるのは行政の責任だ。財政難から私学の財政援助を削減せざるを得ないのであれば、そう丁寧に説明して、理解を得るのが行政の務めだろう。そもそも生徒が求めたのは「道路整備に使う税金の一部を私学助成に回してほしい」と税金の使い方についての要望だった。それを生徒の自己責任にすり替えてはならない。「自己責任」という概念が大手を振るっている今日、こうしたすり替えがいたるところで起こっている。

社会学者の上野千鶴子に拠れば、社会学では社会的弱者とは「マジョリティの価値観を刷り込まれることによって、自らを自己差別する人」なのだとする研究があるという。[*17]

つまり自己責任とは、「強者の価値観の刷り込み」により〝平等な競争〟の結果、負け組となった人たちへの最後通牒ということになる。山一證券の社員が引き受けた「自己責任」を思い出してほしい。

〝平等な競争〟すら経ることなく、本来個人の責任を求められるはずのないことにまで、自己責任は及ぶ。「働かないから貧しい」ことと「働けないから貧しい」ことを混同してはならない。

上野は言う。

年をとるのがつらいのは若いときの価値観をそのままもっているからで、他人のお世話になった自分をまず自分で責めるからです。不甲斐ない・情けない・自分のようなやっかいものが――と。つまりは、若いときに年寄りを見て、臭い・汚い・やっかいだと思ってきたからです。強者の価値観の刷り込みから、自分で自分を追い詰めるのが、「自己決定・自己責任」の原則ですね。[*18]

老いることまで自己責任にされたらたまらない。老いは、皮膚や目の色を自ら選べないのと同じように生命体の宿命なのであって、個人の責任ではない。だからこそ社会の責任として老いを引き受ける必要がある。

自己責任という言葉はそれ自体、近代性や合理性を有しているから、原理的に反発するのは難しい。だから、社会的弱者は、否応なく「強者の価値観の刷り込み」圧力に屈し、〝自己責任〟を引き受けてしまう。

一九九〇年代後半以降になって頻繁に使われ始めた「自己責任」は、新自由主義の風潮のなかで存在感を示し、その流れは小泉政権で頂点を迎えた。「格差はどこの社会にもあり、格差が出ることは悪いことではない」「成功者をねたんだり、能力のある者の足を引っ張ったりする風潮を慎まないと社会は発展しない」いずれもときの首相であった小泉純一郎が国会で述べた言葉だ。問題なのは「働かない人」との格差ではない。「働けない人」との格差だ。能力のないものは

＊17　山口二郎編著『ポスト新自由主義』七つ森書館、二〇〇九年、二一二頁。
＊18　同前。

能力のある者の足を引っ張ってはいけないと小泉は言う。能力のないこと、肌の色が違うこと、先天性の障がい、病気は自己責任ではない。公平や平等に反する自己責任はあり得ない。

自己責任が強調されるとき、その背後に権力側が担うべき責任の矮小化が潜んでいないか、疑わなければならない。

この国では「自己責任」は強者にとってまことに都合のいい、便利な言葉となった。

第三部　責任の正体

第5章　責任小史

明治以降の日本は縁座・連座制を排し、責任の所在を個人に置く法体系が整備されるなど外形的な近代化が進められてきた。戦後は新たに制定された憲法のもと、基本的人権についての意識も高まったはずだ。しかし、現実には成人した子の責任を親が求められるといういびつな集団責任は二十一世紀になったいまも日常にあふれている。

この章では、そもそも「責任」という概念が日本でどう捉えられ、移り変わってきたのかを概観してみたい。

責任の原義

広辞苑（第5版）によれば、「責任」とは、①［荘子天道］人が引き受けてなすべき任務。②政治・道徳・法律などの観点から非難されるべき責（せめ）・科（とが）。法律上の責任は主として対社会的な刑事責任と主として対個人的な民事責任とに大別され、それぞれ一定の制裁を伴う、と説明されている。

日本国語大辞典（小学館、一九七四年）第二版七巻によると、「責任」という言葉は懶室漫稿（ランシツマンコウ）（一四一三年頃）に「由来責任非軽、陳力輔時、虚己化物」と使われている。懶室漫稿というのは、室町時代の臨済宗の僧、仲方圓伊が著した詩文集である。また十七世紀前半には小瀬甫菴が書いた太閤記巻二十のなかで、「官職之責任必可撰於人才事」と記されている。いずれも広辞苑の①の意味あいで使われている。一方、②の意味では「責め」という言葉が一般的だった。

「責め」という言葉で表現されていた概念が「責任」という言葉で表現され、法律用語としても用いられ、一般にも浸透し始めたのは明治十年代末期から二十年代頃だった。

先の日本国語大辞典には、次のような例文が載っている。

改正増補和英語林集成（一八八六）「Sekinin（セキニン）ヲ　オウ」

日本人　第一一号（一八八八）高島炭鉱の視察「朝野新聞社は犬飼毅氏をして之れを責任せしめたり」

同辞典の「せきにんがある」という項目に示されている例文では、坪内逍遥の『当世書生気質』（一八八五年・明治十八年）の一節、「それではおれに責任がある訳じゃなア」が挙げられている。

江戸時代の末期から明治時代の前半にかけて、外国からさまざまな概念が輸入され、その概念を表わす言葉が翻訳された。「自由」「個人」「家族」「恋愛」「憲法」「民法」などがその代表例だが、「責任」も responsibility 或いは liability の訳語として、もともと存在していたこの言葉が当てられた。

また『現代倫理学事典』（池上哲司・弘文堂）は「日本が近代法を輸入する際に、主として継受元となったドイツでは複数の語で言い表されていた概念を、日本では『責任』の一語に担わせた」と解説している。

縁座・連座の制

近代以前の社会では、主に犯罪の予防を目的に重大な犯罪に対して集団責任が制度化されていた。日本では犯罪者の親族にも責任を求める縁座や職務上の犯罪で上司や同僚など一定の範囲の他人にまで連帯責任を負わせる連座の制が知られている。

中国の唐律では、謀反・大逆について、祖父、父母、妻妾、子および子の妻妾、孫、兄弟姉妹、伯父叔父、兄弟の子に及ぶ縁座（死刑、没官、流刑など）が規定されていた。日本の縁座の制は、この唐律に倣ったもので、大宝律（七〇一年）、養老律（七五七年）にその規定が見て取れる。その対象は大逆、謀反といった国家的重罪で、のちに私鋳銭（民間でひそかに鋳造した私銭）が加えられている。

しかし、犯罪抑止を目的にした公権力によるこうした縁座の制の規定は、逆に実社会における、より過酷な慣習法の存在の反映であるという見方がある。笠松宏至は今昔物語の説話を引き合いに出しながら、次のように記している。

瓜一つのことからわが幼児を義絶した父親が、やがてその子が成人し盗みの罪で捕らえられたとき、父親の縁坐を求めんとした検非違使に対して、かつて近隣の人々の判を得て作成しておいた義絶状を示してその難を逃れたという《今昔物語集》所収の説話などは、久しく会うことのなかった父親に対してさえ窃盗の罪によって縁坐が科されていたことを示している。また鎌倉中期の一二五三（建長五）年、幕府が諸国荘園の地頭代にあてた刑事法規には、殺害、刃傷はもちろん窃盗や牛馬盗人に対しても、父母妻子から親類所従に至るまで縁坐が科されていた荘園内の現実が物語られている。*1

江戸時代に入って、儒教的見地から主殺し、親殺しなどの重罪については一族すべてが処刑されるなど公法上でも縁座が厳しく適用された。

「会津藩家世実記」によれば、寛永十九（一六四二）年二月二十九日、出羽山形藩士夏目伊織は、公金横領や女色貪欲の不行跡がもとで切腹に処せられた。そのさい、奉行坂清左衛門の奉公人市兵衛は、親類だった伊織の奉公人六弥を説いて出奔させた。藩当局によって六弥を出奔させた者の探索が始まると、市兵衛は身を隠したが、母親が捕らえられたことを知り、浄土寺という寺に出頭し、「母に罪なし。切腹するので、母を助けて」と願ったという。*2

その後、犯罪人の刑事責任を親族に負わせる縁座制については慎重論が起こり、八代将軍徳川吉宗の時代、享保九（一七二四）年の法令では、縁座の適用を主殺し、親殺し、および格別重い科の者の子に限っている。また、公事方御定書でも元文二（一七三七）年の法令によって、その範囲を限定し、主殺し、親殺し以外の死罪人の子への縁座を除外した。ただし、武士に限ってはこれ以降も広範囲に縁座制が適用された。

「久離」という言葉がある。日本大百科全書によれば、久離は江戸時代、失踪した親族との親族関係を断絶する行為とある。久離の一形態であった勘当は追出久離とも呼ばれ、近世以降は親が子を家から追放する行為をさすようになる。勘当は、単に口頭や文書で言い渡しただけでは有効でなく、江戸の町奉行所に登録してもらう必要があった。その登録をもって初めて勘当された子は相続権を失い、親はその子に関するいっさいの責任を逃れることができた。つまり、役所に願

*1　『世界大百科事典』第3巻、平凡社、七四一頁。
*2　山本博文『武士と世間』中公新書、二〇〇三年、七三頁。

い出て勘当の登録をしない限り、親は子の責任を問われ続けたのである。

一方、連座の制は中世後期に郷、村などの地縁的共同体、種々の職能団体などが登場することで整えられていく。その事例として室町時代に行なわれた「郷質（ごうしち）」という慣行が挙げられる。郷質とは債権者が債務者と同郷の人物の財産を随時差し押さえる契約または行為のことで、まさに共同体の連帯責任、集団責任とでも言うべきものだった。

織田・豊臣政権下では、連座の制がたんなる犯罪予防の手段というより、統治手段として採用され、刑事法上の連座だけではなく、個人の租税の滞納、田地の荒廃などすべてを、共同体の連帯責任とすることが一般的となった。豊臣秀吉の身分統制令では、百姓が商いや賃仕事に出たり、奉公人・侍・中間などが町人や百姓になったりした者を隠しおいた場合、一村一町を死刑にすると定めている。

連座の制は不完全な公権力の警察事務を人民に分担させるためにも有用と考えられ、町を行政単位として成立させた江戸幕府によって、継承されていった。[*3] 共同体の連帯責任強化は世間的価値観をことさら鍛えたのである。

縁座・連座の制が制度上廃止されたのはフランスの刑法を模した旧刑法が施行された明治十五（一八八二）年になってからであった。

武士の家族

武士の世界での家族の責任はどうだったのだろうか。秩序が維持された江戸時代にあっては、戦国時代と違って武勲を立てる機会があるわけでもなく、大切なのは武士仲間、特に上級者間の評判だった。「家」の存続と繁栄こそが最優先であり、そのためには周囲への配慮から家族に犠牲を強いることさえあった。家と家族は別物なのだ。

井原西鶴が書いた『武家義理物語』の「死なば同じ浪枕とや」はこんな出だしで始まる。

人間定命の外、義理の死をする事、是弓馬の家のならひ。*4

「人間が寿命で死ぬ以外に、義理のために死ぬことがあるのは、武家の習いである」といった意味で、ここで語られる物語はなんともやりきれない。話の筋はこうだ。

摂州伊丹の城主、荒木村重の次男村丸が東国蝦夷の千島の風景を見物したいと思い立ち、主君に仕える神崎式部が、そのお供を仰せつけられた。式部のひとり息子、勝太郎もお供の願いが叶い、同行することになった。

---

*3 『世界大百科事典』30巻、連座の項、平凡社、二〇六頁。
*4 対訳西鶴全集8『武家義理物語』明治書院、一九九二年、二六頁。

四月の末、その日は駿河の島田に宿泊する予定で、大井川にさしかかった。ただ、折から雨が降り続き、水かさが次第に増えてくる様子なので、式部は村丸にここで一泊するよう勧めた。しかし、血気盛んな若殿は「渡ってしまえ」と仰せられた。

式部は国元を出るとき、同役の森岡丹後から息子の丹三郎をよろしく頼むと言われてきていたので、自分の子の勝太郎を先に立てて、次に丹三郎を渡らせ、自分はあとに続いた。ところが、夕暮れも近づき、川越しの人足が浅瀬を間違えて深みにはまり、丹三郎の馬の鞍がひっくり返って丹三郎は遠くに流され、やがて沈んでしまった。

式部は途方に暮れて、しばらく思案していたが、やっと決心し、無事に上がった我が子の勝太郎を呼んでこう言った。

「丹三郎義は、親より預り来り、ここにて最期を見捨、汝世に残しては丹後手前武士の一分立ちがたし。時刻うつさず相果てよ」(丹三郎のことは、親から預かって来たのに、とうとうここで死なしてしまった。お前をこの世に生かしておいては、丹後の手前、武士の一分が立たない。時刻を移さず死んでくれよ)

勝太郎は武士の精神の持ち主でひるむことなく、すぐ引き返して激流に身を投じ、二度とその姿は見えなくなった。*5

多くの人がお供をするなか、特に自分が息子をよろしくと頼まれた以上、そのままにしておくわけにはいかず、命がけでようやく川を渡ったばかりのひとり息子を死に追いやったさまについて西鶴は、「さりとてはうらめしの世や」と感想を述べている。

式部の取った行動が、「家」存続のためであったかどうかは明らかではない。若殿が機嫌よく戻ったのを見届けたあと、式部夫妻は山深い寺で仏道に入ったというから、「家」存続というよりは、息子を託した同僚への純粋な義理と考えられなくもない。義理とは面子である。とすれば、式部が息子を犠牲にしてまで守ったものは「家」の面子とも言える。義理を立てることはひとり息子の命よりも大切なものだった。

息子は親の付属物であってはならない。現代から見れば、こんな親の行為が許されるはずはない。しかし私たちには、ひとり息子に死を強いた父親に同情し、「さりとてうらめしの世や」という西鶴の思いを共有する心情が潜んでいる。

明治以降太平洋戦争に至るまで、ときの為政者たちはこうした日本人の意識や共同体としての構造を巧みに利用し、国家の運営を図ってきたと、丸山眞男は「家族国家」という言葉を用いて、次のように説明する。

底辺の共同体的構造を維持したままこれを天皇制官僚機構にリンクさせる機能を法的に可能にしたのが山県（山形有朋：筆者注）の推進した地方「自治制」であり、その社会的媒介となったのがこの共同体を基礎とする地主＝名望家支配であり、意識的にその結合をイデオロギ

＊5　山本博文前掲書、一五五―一五六頁。

ー化したのが、いわゆる「家族国家」観にほかならない。

この同族的（むろん擬制を含んだ）紐帯と祭祀の共同と、「隣保共助の旧慣」とによって成立つ部落共同体は、その内部で個人の析出を許さず、決断主体の明確化や利害の露わな対決を回避する情緒的直接的＝結合態である点、また「固有信仰」の伝統の発源地である点、権力（とくに入会や水利の統制を通じてあらわれる）と恩情（親方子方関係）の即自的統一である点で、伝統的人間関係の「模範」であり、「國體」の最終の「細胞」をなして来た。……したがって「近代化」に伴う分裂・対立など政治的状況を発生させる要因が、頂点の「國體」と同様に底辺の「春風和気子ヲ育シ孫ヲ長スルノ地」（山県の言）たる「自治体」内部に滲透するのをあらゆる方法で防遏するのが、明治から昭和まで一貫した支配層の配慮であった。[*6]

集団責任から個人責任へ——明治から大正デモクラシーまで

鎖国から開国へという一大転換をなした明治の時代、〝文明的で進んだ日本〟というイメージを国の内外に示そうという機運が広がっていったのは、西南の役が終結して政府首脳が権力基盤を固め、一方で自由民権運動が組織されていく一八八〇年前後だった。屈辱的な不平等条約の解消をめざす明治政府は、文明開化政策によって積極的に欧米の価値基準を取り入れていく。フランスの刑法を模した刑法制定は自由民権運動に対する治安強化という側面と共に、文明国としてのアピールという側面があった。この法律で縁座・連座の制が廃止されたことは既に述べた。

一八八〇年代後半、経済発展が顕著になると、東京、大阪では農村から流入する貧民が急増し、スラムが拡大していった。井上毅は「地方政治改良意見案」(一八八六年)のなかで、江戸時代の村に乞食が少なかったのは村の土地を他村に売却するのを恥とし、借金を庄屋が立て替えるといった「一村団結の精神」があったからだと述べている。こうした団結の精神には、年貢を村単位で納入する村請制＝連帯責任制が求められてきたことなどの歴史が背景にある。しかし、地租改正で耕作地の私有権が認められ、西洋流の資本主義経済が導入されるとこの連帯責任制はふたつの自由に取って代わられた。「金儲けの自由」と「飢える自由」である。

牧原憲夫は言う。「地租改正で租税納入は個人の責任となり、村落の相互扶助や行政の貧民救助が期待できないとすれば、人びとは自らの刻苦と才覚だけを頼りに生きていくほかない。大阪の餓死者が年間三〇〇人を超え乞食も増えている、と『貧民流離』の現実を井上毅が『地方政治改良意見案』(一八八六年)で危惧したように、小作農になる農民やスラムに流入する貧民が増大する一方で、小作地を集積する富裕な地主や経営を拡大する商人、新たな企業家も増えていった」*7

*6　丸山眞男『日本の思想』岩波新書、一九六一年、四六頁。

*7　牧原憲夫『民権と憲法』岩波新書、二〇〇六年、ⅶ頁。

のである。まさに二極化が進むいまと重なるものがある。

そんな時代背景のなかで、福沢諭吉の「学問のすすめ」とともに、百万部というベストセラーとなったのが一八七〇年に出版された「西国立志編」だった。これはイギリスの著述家サミュエル・スマイルズが一八五八年に書いた「Self Help〈自助論〉」を中村正直が翻訳したもので、欧米の著名人三〇〇人以上の成功立志伝だ。そしてその根幹は「天は自ら助くる者を助く」というスローガンだった。

みずから助くということは、よく自主自立して、他人の力によらざることなり。みずから助くるの精神は、およそ人たるものの才智の由りて生ずるところの根元なり。推してこれを言えば、みずから助くる人民多ければ、その邦国、必ず元気充実し、精神強盛なることなり。[*8]

当時の若者たちにとってスマイルズの著作は新しい時代の風を肌で感じさせるものとなった。牧原憲夫はこの直後に来る時代を「学歴社会の到来」と位置づけたうえで、一九〇二年には受験雑誌の走りとも言える「成功」が創刊され、この雑誌が数年後には「発行部数東洋第一」を誇るほどの読者を獲得していったと指摘している。

学歴社会は「平等」を前提にしている。イギリスやフランスのように政治・経済・文化を支配する上流階級が厳然と存在し、下層との間に明確な断絶がある階級社会では、労働者の息子が大学進学を夢見ることはまずなかった。日本では、経済的条件を別にして、「学力」さえあれば小作農や労働者の子どもでも東大に進学できた。逆に、もし「成功」できなければ、それは身分のような外在的制約のせいではなく、本人の「実力」や「努力」が足りなかったにすぎない、ということになった。学歴社会こそ、機会の均等、優勝劣敗、自己責任という自由競争の典型だった。[*9]

「お上」の助けや近隣の厚意には頼れないという自主自立の精神は経済分野にも浸透していく。西洋から導入された資本主義の概念はいやおうなく社会構造を弱肉強食型へと加速させていった。

第一次大戦期に日本は本格的な重化学工業の勃興期を迎え、資金調達を外部に求めるようになる。例えば、一九一五年から一九三四年にかけて東京電灯の株主数は四三〇〇人から六万二三〇〇人に増え、発行株式数は一〇〇万株から八五九万一〇〇〇株へと八倍以上にも膨らんだ。また銀行設立も最低資本金の制限さえ満たせばまったくの自由であった。[*10] 多くの企業で株主総会が実効性をもち、敵対的買収もまれではなかったという。

＊8　中村正直『西国立志編』講談社学術文庫、一九九一年、五五頁。
＊9　牧原憲夫前掲書、一三九頁。
＊10　奥野正寛ほか『現代日本経済の源流』日本経済新聞社、一九九三年、六九頁。

銀行の数は二〇〇〇以上にのぼり、不況期には倒産も相次いだ。銀行倒産は一九〇二年から一九一九年の十八年間で、年平均二四・六行、一九二〇年から一九三二年では四三・五行という現在からは想像もつかないような数だった。[*11] 昭和初期に至るまで、労働者が企業間を移動することは普通だったし、賃金もごく当たり前のように変動した。こうした厳しい経済環境の下では貧富の差や社会的不平等が進む一方、助け合いの精神は失われていく。

福沢諭吉や中村正直によって輸入された自立自助の精神は、市場型経済システムの発展と共にまさに「自己責任」の概念をいやおうなく醸成した。

ところで「自己責任」という言葉はこの当時存在していたのか。存在していたとするとどういう意味をもっていたのだろうか。神戸大学の新聞記事文庫には明治末から昭和四五年までのおよそ五〇万件の新聞記事が蓄積されている。収録範囲は経済を主体としながら、社会・政治・外交・法制・教育など広範にわたっている。その新聞文庫に検索をかけると自己責任の文言が一三の記事で見出せた。そのうち、明治末期から一九二〇年代にかけてのものは九つあり、全体のおよそ七割に当たる。大正デモクラシーという時代は光の部分ばかり強調されるが、同時に弱肉強食の論理が幅を利かす新自由主義的な色彩の濃い時代でもあった。自己責任と新自由主義との連関という意味では、一九九〇年代後半からの世相とも重なる。

次の記事は一九一八年十二月二十一日、京都日出新聞に「救貧の必要と其悪傾向」というタイトルで掲載されたものだ。

> 救貧事業の為めに、各個人の自助的精神又は自己責任観念を銷磨せしむる事は、国家の前途にとって、まことに恐怖すべき危害であって、ルーターの此点に関する見解の如く、一人が他人の勤労に頼りて、遊惰に暮すは不当なり、何人も他人の財貨によりて生存すべき資格なし、求めて貧困たらんとする者、富をなす可き筈なし、「苟くも富まんと欲する者は手に犁を執り、己が為めに地中に之を求めよ」と云う気概は、一般貧民の心裏に十分に印象せし〔め〕ねばならぬ。（傍点は筆者）

貧しいものの救済事業は自己責任の観念をもたせるようにして行なうべきであるというもので、根底にあるのは働かざる者食うべからずという哲学だ。当時の社会風潮を反映していると見るべきである。

もうひとつ記事を引こう。福沢諭吉により創刊された『時事新報』の一九二〇年一月の記事で、「労資協調問題」との見出しがついている。

> 社会主義は各人の物質的平等を作る事を以て、理想実現の唯一の手段とする。而かして之

＊11　奥野正寛ほか前掲書、一一三頁。

が為には現代の経済組織を其の根柢より破壊して、全然別個の原理に基く組織を実現せんとするものにして、私有財産制度、私人生産制度を否定し、したがって労働契約の廃止を主張し、絶対に資本家の存在を否認する。然るに社会政策は現代の経済組織は仮令大なる欠陥あることは事実なりとするも、其の根本たる「自己責任の原則」を以て万古に不変なる社会進化の理法なりとするが故に、社会主義者の主張する経済的革命に反対し、私有財産、労働契約を是認し、又資本家の存在を容認する。

各人が自己の才能と勤惰とによりて其酬いらるる所に厚薄の差あるは道理に於て至当のことなるのみならず実にまた人類向上発展の発条機である。人間の性情が根本的に一変するか、若くは進化論の原則が虚妄に非ざる限り、這個「自己責任の原則」は、断じて否定することが出来ぬ。現制度の革命を許す可からずとするは、現在の組織が此の原則の上に築かれたるものなるが故である。[*12]

この筆者は松岡均平という人物で協調会事業部長、法学博士との肩書が記されている。一九一七年に起きたロシア革命とそれを受けた日本国内での社会主義運動の高揚がこの記事の背景にある。その社会主義運動に対峙させる形で「自己責任の原則」を訴えている。このときもまた当時の社会情勢を反映した自己責任が語られている。

自己責任という言葉は、語る人の立ち位置や時代背景によって七変化する。連帯責任を廃するという観点からは近代的価値観に合致するのだが、救貧対策にお金をかけたくない為政者側にとっては都合のいい言葉になり、社会主義に対峙するイデオロギーを表現する言葉としても機能している。

個人責任から集団責任へ――大正デモクラシーから太平洋戦争まで

アングロサクソン型の市場経済システムは一九二〇年代から徐々に変化し始め、一九三〇年代に政府が戦時経済体制を構築する過程で、今度は集団責任に重きを置く傾向が一挙に加速する。

戦時期に政府は、労働者の企業間移動を制限するとともに、労使双方で構成する産業報国会を広範囲の企業に設置させた。賃金の生活給化やボーナスの普及も戦時期の出来事である。当時の政策の多くは三〇〇万人以上の人命と国富の四分の一以上を犠牲にした日中戦争・太平洋戦争を遂行するために、資源を総力戦に動員することをめざした企画院が主導した。

企画院は内閣総理大臣に直属する形で一九三七年に創設された。選りすぐりのエリートたちが集められ、戦時国家総動員体制の計画立案に当たり、まさに政府の中枢を担った。この頃のエリ

＊12　時事新報『労資協調問題』一九二〇年一月二日。

ート層は少なからずロシア革命の影響を受け、彼らが立案する政策にはマルクス主義的色彩が見出せる。エリート層が時代の先端を行くと捉えた共産主義と、戦時体制を維持するための全体主義とが融合していく。

戦後、東大総長になる経済学者の大河内一男は太平洋戦争の最中、こんなことを言っている。

> 今までの賃金形態は能率刺激的な、アメリカ的な賃金理念によって居ったものであります。これを日本的な家なり、家族なり、日本的な生活なりの基礎と睨み合わせた賃金の支払い形式に直していく必要がありはしないか。（中略）
>
> 只管能率本位の賃金基準、刺激的な賃金の支払い形式といふものが今日国民動員の理念に即応しているかどうか、といふ疑問が起こらざるを得ませぬ。さういふ場合にもっと違った、生活をある程度まで保障するという仕組みを持った、その意味で、賃金額の大小ではなく、安定性のある賃金でなければいかんのじゃないか[*13]——

一九二〇年代半ばから後半にかけて、当時の日本は一言で言えば、関東大震災や昭和恐慌に伴う深刻な社会不安が根底にあった。弱肉強食に基づく市場経済への反発と財閥などの大資本に対する大衆の不満は、労働運動とナショナリズムというふたつの方向にはけ口を求めた。前者はロシア革命の成功で勢いづき、後者は困窮をきわめていた農村の救済と財閥打倒を唱えた。この間、労働争議参加人員は一九一五年の八〇〇〇人から一九三一年の一二万人以上にまでに増大する。そして五・一五と二・二六のクーデタにつながる軍と右翼のテロを頻発させることになったのである。こんな状況下で、弱肉強食の市場原理や大正デモクラシーで培われた個人主義への反発が喧伝されるのは必然的な成り行きだった。社会政策を扱う当時の専門誌にはこんな文章が載っている。

明治以後の資本主義の時代に入って光景は四たび変化し、しかもその内容は全く異質的なものを孕んできた。即ち資本主義とともに流入した個人主義が、東洋的共同社会の基本組織たる家族主義の傳統を侵蝕したことである。*14

戦争という大儀の前に、自立した「個人」という概念の維持、発展は難しく、「国家＝天皇」のために何ができるかという国の付属物としての「個人」が常に求められていくことになる。すべての価値判断は、「国家」にとってどうなのかを考えることとなった。

このような社会では、株主が利潤を追求する自由はただのエゴイズムと映る。当時の官僚がどのように考えていたのかを知ることは興味深い。

＊13　大河内一男『決戦下の勤労問題』社会政策時報vol 44、一九四四年二月、五三頁。
＊14　橘樸『人口政策と家族主義』厚生問題第26巻第5号、社会事業研究社、一九四二年五月、四四一頁。

会社の株主は株の値が上がれば売って儲け、株が下がりさうになれば売って逃げ、自ら労することなくしてただ配当の多からんことのみを願って居るのが、大多数の株主心理である。その株主によって会社の幹部が左右され、経営方針が定まり会社の利潤がかき淩われるとすれば、株式会社制度には甚だしき欠陥がある。(中略)

会社の成績を決定する点は製品の良否と価格の高低に在るのであるが、それは工場従業員の製品の改良、生産費減少への努力に負ふ処少なくないのであって、会社の利潤の高下に就ては会社に顔を出したこともない株主よりも、工場従業員は遥かに利害の深いものであり、責任も多いものである。[*15]

株主権限の制限、終身雇用、年功序列、ボーナス、企業内組合、メインバンク制、源泉徴収などといった戦後日本の高度成長を支えた社会政策は、まさに総力戦という特殊事情によって産み落とされた。一連の政策の前提はあくまで国家の利益であって、個人の利益や幸福を追求したものではなかったことは言うまでもない。

集団責任の継承――戦後から高度成長期まで

アメリカ占領軍による戦後改革で、農地改革、財閥解体、女性の参政権、新憲法がもたらされ、戦時の指導者の多くが追放された。その一方で、すでに指摘したように、戦時に導入されたさまざまな社会政策・日本型経営は継承された。第一次大戦後にその萌芽を見いだせる年功序列や終身雇用は、賃金統制が行なわれた戦時期に一気に広がり、皮肉にも戦後の日本経済の高度成長を支える原動力となった。企業では株主の権限は制限され、労働運動の一次的な高揚を経て、経営者と従業員がひとつのファミリーとして結束していく。その結果、内部昇進の役員が増え、大株主役員は減少した。企業間競争の所管官庁による積極的な調整も、大きな特徴だった。国家主導の経済政策は同種企業間の「横並び」「護送船団方式」を生んだ。

経営者は従業員の解雇を経営の恥と位置づけ、従業員は会社経営を考え、賃上げ要求を抑えた。実際、一九七三年のオイル危機でもこの強みは発揮され、むしろさらに強化された。経済学者の野口悠紀夫は次のように指摘している。

実際、日本経済が石油ショックへの対応において他の先進諸国に比べてすぐれたパフォーマ

＊15　鈴木宗正「工場の利潤配分制度と高賃金対策」社会政策時報、一九三八年四月『現代日本経済の源流』より引用、一〇九―一一〇頁。

ンスを示したのは、労働組合が賃金引上げを強く求めず、企業の合理化に協力的だったことにある。政府が強制しなくとも、ある種の所得政策が実施された。このため、諸外国が深刻なスタグフレーションに陥るなかで、日本経済は比較的良好なパフォーマンスを維持することができた。[*16]

日本企業における家族主義的経営は日本社会全体に深く浸透し、一億総中流という意識と経済状況を生んだ。

桜井哲夫によれば、一九二七（昭和二）年ころ、三井物産では、初任給は帝国大学出身者は八十円、私大出身者が七十二円だったという。当時、旧制中学校出身者は四十円だったから、帝大出とは二倍の差があったことになる。しかも、十年勤続者の予想給与額は、帝大出で二百円から三百円、私大出が百三十円から二百円、旧制中学出は七十円となり、帝大出と旧制中学出とでは三倍から四倍もの格差が生まれてしまう状態だった。

ところが、一九九〇年の賃金統計によってデータを作ると、二十代でも三十代でも企業全体で、高卒事務職と大卒事務職の給与格差は、九パーセントにすぎないのだという。[*17]

所得の平準化は社会の安定をもたらしたが、責任という観点で言えば、「年功序列」「終身雇用」「横並び」「護送船団方式」といった言葉から想像できるように個人という単位での責任のあり方が深く掘り下げられることはなかった。

なによりも、最高権力者であった天皇の戦争責任が曖昧な形で決着したことは、責任という概念のもつ恣意性を白日の下にさらす結果ともなった。

高橋哲哉はこう書いている。

東京裁判の重大な問題性は、そこで裁かれたものよりも、むしろそこで裁かれなかったものの方にある。「勝者の裁き」であるゆえに、東京大空襲から広島・長崎への原爆投下に至る、米国自身が犯した重大な戦争犯罪が裁かれなかったのはもちろんである。しかしまた、「A級戦犯」が裁かれたのに、彼等が仕えた君主であり、一貫して帝国陸海軍「大元帥」すなわち最高司令官であり続けた昭和天皇が不起訴になったのも、ソ連・中国・オーストラリアなどの訴追論を押さえ込んだ米国の意図によるものであったし、七三一部隊のような日本軍の戦争犯罪が裁かれなかったのも、米国の意図によるものだった。[*18]

責任のあり方は強者の論理によって変わるのだということが露骨に示されながら日本の戦後は始まった。そして「勝者の裁き」を受け入れることにより、自分たち自身による責任追及を曖昧

*16 野口悠紀夫『一九四〇年体制』東洋経済新聞社、二〇〇二年、七頁。
*17 桜井哲夫『〈自己責任〉とは何か』講談社現代新書、一九九八年、一五八頁。
*18 高橋哲哉『靖国問題』ちくま新書、二〇〇五年、六八頁。

な形で放置してきたことが、現代日本社会における個人の責任意識をより希薄なものにしたことは否めない。

さらに、戦時の総動員体制を前提に編み出された社会政策は奇跡の戦後復興につながりこそすれ、個人の責任を鍛えるものとはなり得なかった。

第6章　責任という不条理

責任の問われ方をつぶさに見ていくと、「自由意思による行為がもたらす結果には責任が伴う」という常識が怪しくなってくる。そして「責任」という概念そのものが理不尽さを内包していることに気づく。多くの事象が「行為→結果＝責任」という常識的な因果律では説明できないからだ。

自己責任が焦点となったあのイラク人質事件とほかの人質事件を比較してみよう。

もうひとつの日本人人質事件

日本の三人の若者がイラクで人質となった事件から一か月半後の二〇〇四年五月二十七日、フリーランスジャーナリストの橋田信介と甥の小川功太郎がバグダッドの近郊で武装グループの襲撃を受け、殺された。ふたりは車で自衛隊が駐屯しているサマワからバグダッドに向かう途中だった。ちなみに私自身もサマワとバグダッドの間を何度も往復していて決して他人事ではない。退避勧告の出ているイラクに入り、武装グループに拘束されたという事実は、先の若者三人の人質事件と変わりがない。しかし、メディアや政治家の反応は大きく違っていた。

先の事件で「自己責任」論を展開していた読売新聞と産経新聞は社説で次のように記している。

「今回の襲撃事件は、先の日本人人質事件とは、様相が全く異なる。人質事件が極めて特異だったのである。政府に国民の生命を守る責任があるのは当然だ。だが、家族が自衛隊のイラクからの撤退を掲げ、政府に政策変更を要求したことが、無用な混乱を招いたのである。（中略）戦場は、常に危険と隣り合わせだ。ジャーナリストは、時には、あえて危険を冒してでも、戦場や災害現場に赴く。それは職業的情熱であるとも言えよう。[*1]」

「二人の行動に対して、一部には「無謀だった」「自己責任だ」などの批判も聞かれるが、ジャーナリストはときに危険を冒してでも現場に行かなくてはならない職業である。二人は今回、覚悟のうえ、可能な限りの用心をして現地に入った。今回の事件で責められるべきは、犯人の方であって本人たちではない。二人の仕事は、むしろ評価に値する。（中略）

四月の邦人人質事件のさい、自己責任が問題とされたが、それは一部の人たちが自己責任には目をつぶり、責任は自衛隊を派遣した政府にある、として即時撤退を求めるなど、事件を政治的に利用しようとした結果であった。*2」

改めて言うが、退避勧告が出ているイラクにボランティアやジャーナリズムなどの目的をもって入ったという両者の行為自体に本質的な違いは見出せない。しかし、橋田らの襲撃事件では自己責任という名のバッシングはほとんど起きなかった。

なぜこんな大きな違いが生じたのだろうか。ひとつには犯人グループからの要求の有無という点がある。高遠らの事件では自衛隊のイラク撤退といった政治的な要求が出されたが、橋田らの事件ではそれはなかった。ただし、政治的な要求を出したか出さなかったかの主体は武装集団であって、三人の若者や橋田らとは無関係であることは指摘しておきたい。政治的な要求がなされたことをもって、彼らの責任を云々するのは筋違いである。

ふたつの事件の違いについて、読売新聞は「家族が政府に政策変更を要求したこと」と指摘している。改めて言うが、「政府に政策変更を要求した」のは三人の人質ではなかった。三人を救いたいという一心で家族やその支援者が政府に求めたことで、当の三人とは無関係である。

また産経が訴える「一部の人たちが自己責任には目をつぶり、責任は自衛隊を派遣した政府に

---

*1　読売新聞社説二〇〇四年五月二十九日。
*2　産経新聞社説二〇〇四年五月二十九日。

ある、として即時撤退を求めるなど、事件を政治的に利用しようとした結果」という論点についてだが、支援に当たった人たちがどういう主張を展開しようと三人の責任とは次元が違う。

読売や産経の主張には、子どもの不始末の責任を親や家族に求めるのと同じメカニズムが働いている。家族はおろか、自衛隊撤退を求めた支援者の行動の責任まで三人の若者に帰してしまうのはどう考えてもおかしい。

三人に求められるべき責任はイラクで拉致され、人質になったという結果についてであって、これは橋田のケースと同じだった。

武装グループの攻撃を受けた橋田らは、その翌日、日本大使館のイラク人職員によって現場近くの病院で遺体で確認されている。武装グループには、たとえ政治的な要求を出すという願望があったとしても、その時間的余裕はなかった。

ふたりが死亡したという事実は日本の世論に大きな影響を与えたことは間違いない。高遠らのときに問題となった「自己責任」が、橋田らのケースでは死をもって果たされたと見ることもできる。当事者の「死」という要素が大きな違いだ。

メディアや世間に対する家族の対応も違っていた。一報のあと、自宅近くでメディアの取材に応じた橋田夫人は「ジャーナリストと結婚したのだから私は覚悟はしていたつもりだし、本人も覚悟していたと思う」[*3]と気丈に振舞う一方、同日の夕方、ホテルで行なわれた記者会見で夫人は「お騒がせして申し訳ありません」と切り出し[*4]、世間への謝罪を表明している。「情緒的懲罰」に備えていたとも言える。

責任が問われた行為は同じでも、本人の関与を離れたその後の過程次第で、問われる責任の大きさがこうも変わるのかと驚かされる。

橋田の襲撃事件を受けた当時の政治家の発言は、三人の人質事件のときとは違い、冷静なものだった。

「以前から、イラクに入らないでくださいと勧告していたので残念です。自衛隊は安全面に十分注意して支援活動を行なっていく」（小泉首相・二十八日・官邸で記者団に対し[*5]）

人質事件のさい、「自己責任論」と絡めて浮上した渡航禁止の法制化論についても、与党内では「報道の自由を法律で規制するわけにはいかない」（中川秀直・自民党国対委員長）との意見が大勢を占めた。[*6]

＊3　朝日新聞二〇〇四年五月二十八日夕刊。
＊4　読売新聞二〇〇四年五月二十九日。
＊5　朝日新聞二〇〇四年五月二十九日。
＊6　同前。

フランス人記者の人質事件

高遠ら日本人三人の人質事件が起きた四か月後の二〇〇四年八月二十日、ふたりのフランス人ジャーナリスト、クリスチャン・シェノとジョルジュ・マルブリュノが同じようにイラクの武装グループに拘束された。武装グループから出された要求はフランスの公立学校で禁止されたイスラム教徒の女性のスカーフ着用を認めよというものだった。フランス政府はこの要求を明確に拒絶し、その政府の決定を世論も支持した。その一方で、国内では人質となったふたりのジャーナリストの解放を訴えるデモや集会が相次いだ。パリ市役所の壁にはふたりの解放を訴える大きな垂れ幕も用意された。フランス国内ではふたりの記者の行動が社会秩序を乱したと感じる人はほとんどいなかった。だから彼らの責任を問う声は起きなかったし、彼らの責任も発生しなかったと言うことができる。

ふたりが解放されると、現地には政府専用機が差し向けられ、ラファラン首相が同乗した。パリ郊外の飛行場ではシラク大統領が自ら出迎えた。

私はこの飛行場でふたりの帰国セレモニーを取材していた。大統領は笑顔でふたりと握手を交わし、当のふたりは飛行場に設けられたマイクに向かって無事帰国を果たしたことに安堵し、感謝の言葉を述べた。ジャーナリストとしての矜持を示した如くにその表情は誇らしげでさえあった。ふたりの口からは謝罪めいた言葉はいっさい出なかった。

もちろん、専用機のチャーター代がふたりのジャーナリストに請求されることもなかった。責められるべきは拘束した武装グループであり、ジャーナリストとして危険を冒して現地に乗り込み、取材に当たったふたりにはむしろ感謝すべきだというのがフランス世論の反応だった。

危険なイラクに入り、武装グループに拘束されるという原行為が同じでありながら、なぜ、責任が問われたり、問われなかったりするのか。

日本のふたつのケースとフランスのケースを考えると、責任の問われ方は行為者本人の関与が及ばないそのあとのプロセスに依存していたり、受け入れる側の社会の度量・考え方の違いであったりすることがわかる。そうすると厄介なことに、行為を原因とした因果律による責任の定立は成り立たなくなってしまう。

フォーコネの責任論

「自由意思に基づく行為が原因となり、得られた結果に責任が生ずる」この大前提の立て方にそもそも問題があるのではないか。一九三〇年代に責任が生じるプロセスをまったく違う形で俯瞰した人物がいた。フランスの社会学者、ポール・フォーコネである。

彼はまず、犯罪とは何かという問いを立てる。そして犯罪とは社会或いは共同体に対する反逆であると捉える。社会秩序が破られ社会の怒りが起こる。それを鎮め、社会秩序を回復する必要が生じる。そこで犯罪の元凶となるシンボルが選ばれる。犯罪のシンボルを処罰することで秩序を回復する。秩序を回復するには、犯罪のシンボルを破壊する儀式が必要となり、罰を与える儀式こそが責任を問うことだと考える。

通常、私たちは犯罪の発生から処罰までの一連の経過を次のような時系列で理解する。

①犯罪の発生
②犯人の探し出し
③懲罰

これに対しフォーコネは次のような解釈を施す。

①犯罪の露見
②懲罰の必要性
③当該者の選択

責任の本質は乱された秩序の回復にあり、そのために責任のシンボルとして懲罰の対象となるスケープゴートが必要になる。したがって責任は行為により生じた結果という因果関係に基づいて自律的に発生するのではなく、むしろ伝統、慣習、社会を包み込んだ外部環境によって規定されていく。フォーコネの言うスケープゴートとは真犯人が別にいるという意味ではない。犯罪の責任を引き受ける者という意味だ。スケープゴートとして選ばれたものがまさに真犯人なのである。[*7]

人間はいつも理性的に選択肢を考えてから行動しているわけではない。何気ない行動でも、事が起きてからの喪失感や秩序が乱されたという感情があるからこそ、過去へさかのぼって責任が問われるにすぎない。[*8] 責任はアプリオリに厳然と存在するものではなく、結果にしたがって発生してくる他律的で、曖昧なものなのだ。

フォーコネの論理に従って、自己責任が問題となったイラク人質事件を改めて振り返ってみよう。社会秩序が乱されたのは、高遠らがイラクに入ったからではない。拘束を受けている過程で武装グループが自衛隊のイラクからの撤退要求を出し、その要求をめぐって社会が紛糾したからであり、家族が身内三人の救出を求める過程で謝罪と謙虚さを欠いたと見なされ、世間の強い反感を買ったからである。〝懲罰〟の必要性がここで初めて生じた。イラク入国で人質になってしまったという行為の〝非常識さ〟は、懲罰の必要性が生まれたあとに、後づけで導き出されてき

＊7　FAUCONNET Paul, La responsabilité, Paris, Librairie Felix Alcan, 1928, p. 245, etc.
＊8　小浜逸郎『「責任」は誰にあるのか』ＰＨＰ新書、二〇〇五年、一九九頁。

たものである。強い怒りを鎮め、乱された社会秩序を回復するためには〝反道徳〟のシンボルが必要であり、三人がそのシンボルとなった。橋田らの場合は死をもって責任が果たされ、フランス人ジャーナリストの場合もフランス社会は秩序を乱されたとは考えなかったから責任自体が生じなかった。

現実の世界でも少し考えれば、行為に基づく因果律では責任は生じないことがわかる。飲酒運転を例にとろう。酒を飲んで運転し、事故を起こせば当然責任が問われる。ガードレールを擦った。電柱にぶつかった。センターラインをはみ出し対向車とぶつかった。人的被害を出した。被害者は軽傷か、死亡か。飲酒運転という行為は同じでも、引き起こした結果によって罪の重さ、責任の重さは異なる。露見という問題も重要だ。引き起こされた結果が露見しなければ、自責の念は別として社会的な責任を求められることはない。さらに事故に遭わず、警察の検問にもあわなければ、日常のありふれた断面として記憶にさえ残らない。

飲酒運転してもバレなければいいと言っているのではない。飲酒運転は事故発生の確率を圧倒的に押し上げるから社会的コンセンサスで法規制が生まれた。ここで大切なのは、飲酒運転という行為が責任を生じさせたのではなく、事故を起こしたという事実の露見からフィードバックされて〝飲酒運転〟という行為に責任が生ずるというメカニズムだ。

もうひとつ、例を示そう。

フィレンツェ大聖堂での落書き

二〇〇八年六月二十九日、イタリアの古都フィレンツェの大聖堂に茨城県の私立高校の野球部監督が落書きをしていたことがわかり、学校はこの監督を即刻解任するという出来事が起きた。

記者会見の席で行なわれた学校長の説明によると、野球部監督は二〇〇六年一月、新婚旅行でフィレンツェを訪れたさい、大聖堂最上階の柱に自分と妻の名前を漢字で落書きした。実際の写真を見るとマジックペンのようなもので、ふたりの名前が書きこまれ、その外側をハートマークが囲んでいる。

写真はもともとアメリカ在住の日本人がイタリア旅行した際に撮影したもので、自分のホームページに掲載していた。その後コピー&ペーストが繰り返され、何者かによって野球部の掲示板に貼り付けられた。

学校から事情を聞かれた監督は「深く考えずにやってしまった。大変申し訳ない」と落書きの事実を認めたという。これを受けて学校はこの監督を解任した。[*9]

この大聖堂をめぐっては、野球部監督の落書きが問題になる四か月前の二月に岐阜の短大生が、そして翌三月には京都の大学生が落書きしていたことがわかり、それぞれ学校から停学などの厳

*9　朝日新聞、毎日新聞二〇〇八年六月三十日。

った。

重処分を受けていた。[*10] 先立つこれらの報道が、野球部監督の落書き問題をことさら大きくてしま

全国紙やテレビ局のほとんどがこのニュースを報道した。新聞各紙を見ると事実関係の記述に留め、比較的冷静な報道に見えるが、テレビはワイドショーが大きく扱い、日本人として恥ずかしい、また解任は行き過ぎではないかなどの論点で落書きの行為が番組のコメンテーターらによって論じられた。

一方、イタリアのメディアは、落書きそのものよりも日本でのリアクションに驚き、報道している。

イタリア唯一の全国紙レプッブリカは「学校の先生、失職の危機。過ちを犯した人間に慈悲はない。休みの日でも地球の反対側にいても落書きは許されない」と伝えた。[*11]

フォーコネ流に考えれば、落書きの写真がインターネットで流布されなければ、あるいは写真が学校のサイトに張り付けられなければ、さらにメディアが取り上げなければ、この監督が責任を問われることはなかったかもしれない。落書きをした事実は存在するが、それだけのことで、書いた本人でさえ忘れていた。しかし、大聖堂の別の落書きがメディアの報道で話題になっていたという本人とは無関係の外的状況が、他にもいるだろう〝容疑者〟探しにネットフリークを熱狂させ、監督の落書きに付加価値をもたせた。その結果、世間はその〝恥ずべき行為〟に秩序を乱されたと感じた。そのシンボルとして監督は責任を求められたのである。解任という行為には

学校の保身も伺われる。身内に対する甘い処分には世間が厳しく反応するからだ。

もちろん落書きという行為がなければ、そもそも責任を問われることはなかった。行為がある以上、責任は免れないという言い方もできるだろう。しかし、たくさんの落書きがあるなかで、たまたま多くの偶然が重なって過剰とも言える責任が問われる。二年以上も前の、落書きという些細な逸脱行為（落書きの多いイタリアでは少なくともそう見られていた）ではあっても、さまざまな事情から日本の全国ニュースとして取り上げられ、人口に膾炙して世間の注目を集めたが故に、責任の重さは驚くほど膨れ上がった。

この落書き事件の顚末は、その社会がもつ価値観、世界観の違いで責任の大きさが変わること、行為以外のそのときの周囲の状況が責任の重さを変えてしまうということを明確に示している。責任は自律的でもなければ、論理的でもない。責任の問われ方はそもそも不条理なものなのだ。

善と悪の基準

犯罪行為は善か悪か。九九％の人は悪と答えるだろう。ではなぜ悪なのか。「だって悪いこと

＊10　朝日新聞二〇〇八年六月二十五日、読売新聞二〇〇八年六月二十六日。
＊11　朝日新聞二〇〇八年七月二日。

だから」子どもだったらそう答えるかもしれない。「犯罪行為が悪いことだっていうのは子どもでも知っている」大人はこう答えるかもしれない。では犯罪行為が悪いことだと子どもが知っているのはなぜなのか。それは大人がそう教えたからに他ならない。社会が悪いことだと決めたからだ。つまり、それは決めごと、ルールの問題なのだ。そのコミュニティの法律であったり、道徳であったりする。

殺人はいけないことと規則で決めているから、悪いこと、犯罪になる。人を殺すという出来事はそれ自体、物理的な事象にすぎない。そこに善とか悪とかいう価値観をもち込んだとき、初めて犯罪行為と認知され、責任が生まれてくる。

殺すべからずと私に命ずる規定に背くとき、私が如何にその行為を分析して見た所で、そのなかに非難とか懲罰とかを見出すことは出来ない。その行為と結果との間にはひとつの全き異質性が存在する。傷害乃至は殺人の観念から分析的に非難或は刑罰の概念を少しでも取り出すことは不可能である。行為とその結果とを結ぶ連鎖はここでは人為的連鎖である。

（中略）

制裁を惹き起すのは私の行為の内在的性質ではない。制裁は某々行為を行なったと云ふ事から来るのではなく、その行為を禁ずる規則と一致しなかったと云ふ事から来るのである。事実同一の物質的結果を有し、同一の運動を以ってなる同一行為も、これを禁ずる規定の存

否に従って、非難されないのである。（中略）

制裁は遂行した行為の内容から出て来る結果ではなく、行為が既存の規定と抵触すると云ふ所から来る結果である。行為が制裁を喚起するのは、その行為以前に立てられた規定が存在し、その行為はこの規定と背馳した行為であるからである。*12

デュルケムは「単にある行為を規定が禁じていると云うだけの理由からこの禁ぜられた行為を行はないやうにしてゐる」と述べて、これを「道徳規定の義務的特質」と呼んだ。

ペットの犬を殺すとしよう。動物虐待で明確な犯罪行為だ。だが、殺した相手が近所の野良犬だったとすると、グレーになる。その野良犬が近所の子供に嚙み付いたり、怪我をさせたりしている凶暴な犬で、近所から恐れられていたとするなら、その殺害はむしろ賞賛されるかもしれない。現に保健所は野良犬を収容し、強暴でなくとも時期がきたら殺処分にしているが、犯罪に問われることはない。犬を殺すという行為自体にはなんら変わりはないのにである。フォーコネ流に言えば、ペットを殺すことはかわいそうで惨たらしく、怒りの感情を人々に惹起させる。この怒りの感情こそが責任の発生である。怒りを惹起させるのは、私たちの内部にもともと備わるものでは決してない。人々を支配する法律であり、長い歴史で培われた道徳観であり、その場の状

*12　デュルケム『社会学と哲学』創元社、一九四三年、九四―九六頁。

況、空気である。これがデュルケムの言う「道徳規定の義務的特質」だ。

一方、凶暴な野良犬の殺害は、人々に感謝と安堵の感情を生みこそすれ、怒りを惹起することはない。人々は秩序を乱されたとは感じないから、責任は生まれない。

肉を食うために家畜を殺すことは日常行なわれ、私たちは日々その恩恵にあずかっている。しかし、家畜の牛にも豚にも命があり、動物という点ではペットの犬となんら変わりがない。家畜として生まれる運命にあったとは言いながら、それを運命づけたのは人間の勝手であって、生まれてきた豚は一個の生命として誕生したことには間違いないのである。その証拠に、家畜として生まれても人間がペットとして飼おうと決めれば、その豚はりっぱなペットになる。牧羊犬ならぬ牧羊豚が活躍するアカデミー賞受賞の映画もあった。豚はけっこう賢い。

善か悪か、それは天与のものでは決してない。人間が決めたものだ。その人間の決めた規則を破ることが犯罪なのであって、規則を破るという事実に責任が問われるのだ。行為そのものに責任は存在しないとデュルケムは主張する。

価値観は正しいから社会に受け入れられるのではない。逆に組織構成員間の相互作用のなかで生成される価値観だから、それが正しいと感知される。[*13] そして共同体意識が強ければ強いほど、規則からの逸脱に厳格になる。

責任の本質

近代法では犯罪者は「理性ある主体」であることが罪に問える要件になっている。逆に言えば、子ども、重度の精神障害者など判断能力に欠ける者、責任能力のない者に責任は問えない。そしてその責任能力を科学的・医学的見地から調べるのが精神鑑定である。責任に関して精神鑑定結果がどう評価され、扱われているか、実際の判決で見てみよう。

ここで取り上げる事件は、二〇〇六年十二月十一日、就寝中の夫（三〇）に対し、妻（三二）がワインの瓶でその頭を殴るなどして殺害し、遺体をのこぎりでバラバラに切断して遺棄したとして、殺人などの罪に問われたもので、セレブ殺人などの見出しもついて連日マスコミの報道合戦が繰り広げられた。

裁判では、被告の責任能力が争点となり、弁護側は犯行当時の被告が心神耗弱状態にあったとして無罪を主張した。実際、弁護側の精神鑑定人だけでなく、検察側の鑑定人も被告の心神喪失を指摘していた。しかし、東京地裁の一審判決は二〇〇八年四月二十八日、被告である妻に懲役十五年を言い渡した。

責任能力について裁判所は判決文で次のように述べている。まず、責任能力についての一般的

＊13　小坂井敏晶『責任という虚構』東京大学出版会、二〇〇八年、一六三頁。

な判断について「個々の事案ごとに、鑑定の結果のみならず、関係する証拠から認められる被告人の犯行当時の精神状態、犯行態様、犯行動機、犯行前後の行動等の諸事情を総合的に検討し、被告人に当該犯罪の刑事責任を負わせるべきかという観点から裁判所が行なう法的判断（傍点は筆者）である」「鑑定結果が事理弁識能力や行動制御能力に言及している場合でも、それは精神医学の専門家としての分析結果であり、最終的に責任能力については、前記総合的検討による法的判断により決される。その意味で責任能力の判断は鑑定結果に拘束されない」としている。そのうえで、本件については鑑定結果を認めて「短期精神病性障害を発症し、急激に一定の意識障害を伴う夢遊様状態に陥っており、幻聴や幻視等が生じ、相当強い情動もあったと認められる」としながらも、「被告人が犯行の一部や当時の心情についての記憶を有し、犯行動機も当時の被告人の状況からすれば了解可能で、同動機を踏まえれば犯行態様にも異常さはなく、いずれも被告人の人格と乖離しているところはない。犯行後には合目的的な犯行隠蔽行為を行なっている」という理由で、「被告人の責任能力に問題を生ぜしめる程度のものではなかったと認められる」と結論づけている。

判決文のなかで、次の記述は特に眼を引く。

> 両鑑定人は被告人の行動制御能力がなかったのではないかと述べている。しかし、憤激により相手を刺すような殺人の場合にも、刺すことは悪いと知りながら刺しており、これとて行

動が制御できていないことになるのではないか、その場合とどう相違するのかと問われて、金鑑定人は、あらゆる重大犯罪は、犯罪時点で何らかの精神の変調がある、情動という現象に関しては実際非常に難しいと述べている。……両鑑定人の前記供述は、被告人が本件殺害行為時に完全責任能力があったことについて合理的疑いを生ぜしめるものではない。

被告に行動制御能力はなかった。つまり自らの自由意思による行為選択ではなかった。そんな鑑定結果が出ても、実際には総合的検討による法的判断で責任を負わされる。

日本の責任能力をめぐる判例を見ると、責任能力の有無を正面から判断するのではなく、実際には、鑑定意見を情状としてのみ採用し、心神耗弱を認定して、刑罰を軽減するものがきわめて多い。心神喪失で無罪となったケースは、年間一桁程度で天文学的に少ないと法学者の佐藤直樹は指摘している[*14]。

責任能力は、純粋な医学的・科学的評価の範疇に留まらない。「あらゆる重大犯罪は、犯罪時点でなんらかの精神変調があると」精神分析の専門家が述べても、重大犯罪の被告は「理性ある主体」であり続ける。ここからも責任の本質が垣間見える。

改めて言おう。責任は犯罪や不品行を起こしたそのこと自体には生じない。まずは露見され、

*14　佐藤直樹「『責任能力』の難しさ」朝日新聞二〇〇八年五月十七日夕刊。

行為が社会や集団に怒りを惹起させるような〝ルール違反〟であると見做される必要がある。露見した事実が秩序を乱したと人びとが感じたとき、初めて責任が生じる。犯罪や不品行はフィードバックされた結果の後づけの〝原因〟なのだ。ただ、この〝原因〟追究がなければ、集団の構成員たちは納得しない。

人と人とを複雑にとり結ぶ社会ではさまざまな問題が起きる。問題を解決して秩序を回復するためには責任を引き受ける〝スケープゴート〟が必要になる。他者との関係のなかで生きることを免れない人間は「責任」という概念なしには生きていけない。

第四部　この国を覆う空気と責任

第7章　日本固有の責任の背景

　責任の問われ方が普遍性をもたず、集団内のルールに従い、しかも個別的であるということは、ほとんどの人間が集団のなかでしか生きられない以上、濃淡はあるにせよどんな社会にも当てはまる。ただ、日本のさまざまな集団にあっては、集団内倫理の圧力が格段に強い。その強さとは、集団からはじかれないようにしようという構成員の過剰同調性が鏡のように跳ね返った反作用でもある。

　この国にはこの国特有の責任の問われ方が存在し、そこにはこの国が辿ってきた歴史や文化、風俗、習慣などの〝総体〟が映し込まれている。

無責任の体系

太平洋戦争での総動員体制は、一般市民に対し国家への忠誠を求め、逸脱を許さない空気を醸成した。住民は相互に監視し、監視され、逸脱者には非国民のレッテルが張られた。集団主義の空間では、個人の選択の自由は限られ、個人の責任も希薄化していく。あえて責任が問われるとすれば、それは「国家＝天皇」への忠誠を果たすという責任だった。軍の暴走、そしてそれを止められなかった政治の無能、最高権力者であったはずの天皇。無謀な戦争に突き進んだ責任は、結局誰にあったのか。日本人自身はいまだにその結論を曖昧にしたままだ。靖国神社をめぐる混乱はその象徴である。

戦争犯罪の罪で起訴された東京裁判の被告たちの発言を分析するなかで、丸山眞男は日本の権力構造を「無責任の体系」と呼んだ。丸山はキーナン検察官の最終論告の次の部分を引用している。

元首相、閣僚、高位の外交官、宣伝家、陸軍の将軍、元帥、海軍の提督及内大臣等より成る現存の二十五名の被告の全ての者から我々は一つの共通する答弁を聴きました。それは即ち彼等の中の唯一人としてこの戦争を惹起することを欲しなかったというのであります。これは一四カ年の期間に亘る熄み間もない一連の侵略行動たる満州侵略、続いて起こった中国戦争及び太平洋戦争の何れにも右の事情は同様なのであります。……彼等が自己の就いていた地位の権威、権力及責任を否定できず、又これがため全世界が震撼するほどにこれら侵略戦争を継続し拡大した政策に同意したことを否定できなくなると、彼等は他に択ぶべき途はひらかれていなかったと、平然と主張します。*1

東京裁判で支配者たちが証言する内容は、開戦の決断が世界情勢や生産力、軍事力などの比較など緻密な分析による結論ではなく、「人間たまには清水の舞台から眼をつぶって飛び下りる事も必要だ」*2などという意識で、いかに合理的な理解を超えた状況のなかで下されたかを明らかにした。そして指導者たちから異口同音に語られたのは戦争責任の否定だったのである。丸山は「しかしこうした戦犯者たちは単に言葉で誤魔かしてその場を言い逃れていたとばかりはいえない」と述べたうえで、次のように分析している。

被告を含めた支配層一般が今度の戦争において主体的責任意識に希薄だということは、恥知らずの狡猾とか浅ましい保身術とかいった個人道徳に帰すべくあまりに根深い原因をもっている。それは個人の堕落の問題ではなくて後に見るように「体制」そのもののデカダンスの

＊1　丸山眞男『増補版　現代政治の思想と行動』未來社、一九六四年、一〇二頁。
＊2　東条英機の発言、近衛文麿「失はれし政治」一三一頁、丸山眞男前掲書八九頁より引用。

象徴なのである。*3

丸山は被告たちの自己弁解から「無責任の体系」を支えたふたつの論理的鉱脈に行きついた。ひとつは「既成事実への屈服」であり、もうひとつが「権力への逃避」である。

東条内閣の外相を務めた東郷茂徳は、裁判で三国同盟について賛成だったか反対だったかを問われこう答えている。

「私の個人的意見は反対でありましたが、すべて物事にはなり行きがあります。……すなわち前に決まった政策がいったん既成事実になった以上は、これを変えることは甚だ簡単ではありません。」

さらに、東郷は第八十一議会で三国同盟礼賛の演説をしたことを問いただされると「このさい個人的な感情を公の演説に含ませ得る余地はなかったわけであります……私は当時の日本の外務大臣としてこういうことを言うべく、言わなくちゃならぬ地位にあったということを申し上げた方が最も正確だと思います」と答えている。

満州事変から太平洋戦争に至るさまざまな局面での責任を問われた戦争末期の首相小磯国昭陸軍大将と検察官のやりとりも示唆的である。

フィクセル検察官「あなたは一九三一(昭和六)年の三月事件に反対し、あなたはまた満州事件の勃発を阻止しようとし、またさらにあなたは中国における日本の冒険に反対し、さらにあなたが首相であったときにシナ事件の解決に努めた。けれども……すべてにおいてあなたの努力は見事に粉砕されて、かつあなたの思想及びあなたの希望が実現されることをはばまれてしまったということを（口供書で）述べておりますけれども、もしもあなたがほんとうに良心的にこれらの事件、これらの政策というものに不同意であり、そして実際にこれらに対して反対をしておったならば、なぜにあなたは次から次へと政府部内において重要な地位をしめることをあなた自身が受け入れ、そうして……自分では一生懸命に反対したと言っておられるところの、これらの非常に重要な事項の指導者の一人とみずからなってしまったのでしょうか。」

小磯「われわれ日本人の行き方として、自分の意見は意見、議論は議論といたしまして、国策がいやしくも決定せられました以上、われわれは国策に従って努力するというのがわれわれに課せられた従来の慣習であり、また尊重せらるる行き方であります。」（傍点は丸山眞男）＊4

こうした戦争被告人たちの発言には、驚くことに政策遂行者として自分たちの決定がこの現実を導いたという責任意識よりも、なりゆきでこうなった、作り出されてしまったという受け身的

＊3　同前一〇五頁。
＊4　同前一〇九頁。傍点は原文。

な、むしろ自分たちも犠牲者なのだという意識が滲み出ている。

「自ら現実を作り出すのに寄与しながら、現実が作り出されると、今度は逆に周囲や大衆の世論によりかかろうとする態度自体」こそが問題だとして、丸山はこれを「既成事実への屈服」と呼んだ。

> 「現実的」に行動するということは、だから、過去への繫縛のなかに生きているということになる。従ってまた現実はつねに未来への主体的形成としてでなく過去から流れてきた盲目的な必然性として捉えられる。*5

正しいかどうかという判断は放棄され、なによりも既成事実こそが力をもってしまう。「既成事実への屈服」というよりはむしろ「既成事実への追従」といった方が適切かもしれない。

一方、「権限への逃避」について丸山はダウナー検察官の論告を引いている。

> 広田、平沼、板垣、賀屋等のごとき有力な四相会議及び五相会議のメンバーの主張する所では、彼等はほかの閣僚の諒承ないし承認なくては無力であった。しかも他の閣僚の承認を得られなければ何一つとして重要な事はなし得られなかったというのであります。他方、荒木及木戸のごとき右会議のメンバーでなかった閣僚はこれらの事項がその実施に当り彼らに報

告されなかったという理由で、あるいは又仮りに報告されたとしても、彼等は単に右会議出席者の専門的見解に基づいてこれを承認した迄だという理由で、自分等は責を問われるべきでないと主張しているのであります。かくしてこの共同計画の実施中に執られた最重要な行動のあるものに対して、内閣の中に誰一人として責任をもつものがいないということになる。
（傍点は丸山眞男）[*6]

こうした被告人の態度について丸山は言う。「被告の大部分は実際帝国官吏なのであり、彼等がどんなに政治的に振舞っても、その魂の底にはいつもM・ウェーバーのいう『官僚精神』が潜んでいる。だから自己にとって不利な状況のときには何時でも法規で規定された厳密な職務権限に従って行動する専門官吏になりすますことが出来るのである。[*7]」

一方、最高権力者たる天皇は「疑似立憲制が末期的様相を呈するほど立憲君主の『権限』を固く守って、終戦の土壇場まで殆ど主体的に『聖断』を下さなかった。」

帝政ロシアの皇帝は、官僚の利害と衝突するような施策を実現することが出来なかったことで知られる。官僚の専門知識の前にまったく無力だった。強力な官僚制のもとで天皇とロシア皇帝

---

*5　同前一〇九頁。
*6　同前一二二頁　傍点は原文。
*7　同前一二〇頁。

は最高権力者としては機能せず、一方、実際に政治を動かしていた官僚はただの事務取扱いにすぎないとして自らの責任を矮小化する。その意味で「権限への逃避」は当時の日本だけでなく、かなり普遍的な問題を含有している。官僚政治への無力感は現在も選挙での投票率に表われている。旧社会保険庁のずさんな年金管理に怒りを覚えても、投票で官僚を落選させることはできないからだ。

重大な政策決定という責任は、「共同計画」、「共同謀議」という組織の責任にすり替えられ、また「政治的事務」に矮小化された。「自分は反対だったけれども、反対する権限はなかった。」「皆が賛成だったので、従うしかなかった。」そしていったん決まった政策は「既成事実」としてひとり歩きを始める。

意思決定と空気

それは非常に強固でほぼ絶対的な支配力をもつ「判断の基準」であり、それに抵抗する者を異端として、「抗空気罪」で社会的に葬るほどの力をもつ超能力であることは明らかである。*8

「空気」について述べた山本七平の一節だ。山本七平は著書のなかで「空気はまことに大きな妖怪である」と評している。日本の意思決定のあり方について山本は論理的思考の基準と空気的判断の基準のふたつが存在し、最終的に依って立つのは空気による決断だと断じている。その例として大戦時の戦艦大和出撃の決定が挙げられている。

大和の出撃を無謀とする人びとにはすべて、それを無謀とするに至る細かいデータ、すなわち明確な根拠がある。だが一方、当然とする主張はそういったデータ乃至根拠は全くなく、その正当性の根拠は専ら「空気」なのである。(中略)

注意すべきことは、そこに登場するのがみな、海も船も空も知り尽くした専門家だけであって素人の意見は介入していないこと。そして米軍という相手は、昭和十六年以来戦いつづけており、相手の実力も完全に知っていること。いわばベテランのエリート集団の判断であって、無知・不見識・情報不足による錯誤は考えられないことである。(中略)

だが、「陸軍の総反撃に呼応し、敵上陸地点に切り込み、ノシをあげて陸兵になるところまでお考えいただきたい」といわれれば、ベテランであるだけ余計に、この一言の意味するところがわかり、それがもう議論の対象にならぬ空気の決定だとわかる。そこで彼(連合艦隊伊藤司令長官：筆者注)は反論も不審の究明もやめ「それならば何をかいわんや。よく了解した」

＊8　山本七平『空気の研究』文春文庫、二〇一八年、二二—二三頁。

と答えた。[*9]

戦争が終わったあと、伊藤長官は「戦後、本作戦の無謀を難詰する世論や史家の論評に対しては、私は当時あえせざるを得なかったと答うる以上に弁疏しようと思わない」と答えたという。

山本は分析する。「われわれが通常口にするのは論理的判断の基準だが、本当の決断の基本となっているのは、『空気が許さない』という空気的判断の基準である。……現実にはこのふたつの基準は、そう截然とわかれていない。ある種の論理的判断基準の積み重ねが空気的判断の基準を醸成していくという形で、両者は一体となっているからである。[*10]」

絶対的な神と向き合う「私」という形で個人が鍛えられてきた西洋とは違い、日本は判断の基準が集団のなかで鍛えられてきた。集団への依存は高く、集団は結束し、それだけ排他的になる。だから所属する集団・組織のなかでマジョリティに逆らい、自分だけが浮いてしまうことに過剰な恐怖を抱く。集団への反逆は、組織人としての証しを失うことにもなる。

私たちは「反対できる空気ではなかった」と言い訳を述べ、「自分自身は反対だったのだが……」と、しばしば無念をにじませる。にじませるふりである場合もあるだろうが、多くの場合は素直な気持ちの吐露だからなおさら始末が悪い。

学校のいじめに見られるのは、「臭い、汚い、きもい」などの難癖をつけ、異質なものとして排除するメカニズムだが、そのメカニズムを助長するのはいじめられる子どもにヘタな同情を示せば、自分自身も村八分になりかねない恐怖を誰もが抱くからだ。子どもの頃から日本人はこうした負の集団同調性をごく自然に身につけて育つ。

論語の一説を引こう。

> 葉公、孔子に語げて曰わく、吾が党に躬を直くする者有り。其の父羊を攘む。而うして子之れを証す。孔子曰わく、吾が党の直き者は、是れに異なり。父は子の為に隠し、子は父の為に隠す。直きこと其の中に在り。[*11]

孔子が説いたのは、「父と子」のような近親の間に限定される「直きこと」であるはずだった。実際、中国の後代の法律では、儒家の立場が取り入れられ、近親の間の罪状湮滅は罪にならなかったという。しかし、日本人はこの「父と子」の関係をあらゆる秩序の基にまで拡大したと山本は言う。

明治の回心においては臨在感的把握の対象の転回がその転回点となった。この回心状態を

＊9　同前一六―一九頁。
＊10　同前二三頁。
＊11　『論語』子路第十三、世界古典文学全集4、筑摩書房。

永続的体制と化するためには、天皇は〝仏像の如き〟現人神でありつづけなければならない。となれば、天皇が人であり、一仏教徒として泉涌寺の檀那であることをやめ、自らが人であることを、天皇は人民のために隠し、人民は天皇のために隠す、そして「直キコトソノ中ニアリ」の状態がつくられ、各人が内心でどう思おうと、それを口にしないことが正義と真実である一つの体制をうち建てる以外にない。(中略)

それを口にする者は非国民すなわち「日本人ではない」ということなのである。この原則は、簡単にいえば、自分が日本国に対して「直キ」日本人であることの証左であり、従ってこれらの言葉が「事実」でないことは、共にそれを真実として口にしている本人が一番よく知っており、知っていてなおその真実だけを口にすることに意味があるのであって、それはその人が「直キ」丸紅人「直キ」共産人「直キ」労組員であることを示すときの原則と、同じことなのである。[*12]

「事実を相互に隠し合うことの中に真実があるという原則[*13]」はいまでも日本のいたるところに見出せる。

二〇〇四年の自衛隊のイラク派遣に際し、アメリカの現地司令官がイラクに戦闘地域と非戦闘地域の区別など存在しないと公の記者会見で明確に言っているのに、ときの小泉首相は陸上自衛隊を派遣したサマワは非戦闘地域だと言い張る。戦後の検証でイラクに大量破壊兵器はなかったことは当のアメリカ政府が認めているのに、小泉首相はあくまで認めようとはしなかった。その矛盾は日本国民の誰もがわかっているにもかかわらず、「直キコト」「父と子の隠し合い」が行なわれた。日本のすべてが対米関係に依存している現実を国民は悟っていて、「直キ」日本人であり続ける。「直キ」日本人にとっては、サマワが戦闘地域であろうと、イラクに大量破壊兵器がなかろうと大した問題ではない。大切なのは良好な日米関係を維持することなのだ。論理的、科学的でない虚構が成り立つのは「日米関係」についての山本が言う臨在感的把握があり、それはまさに不可侵の聖域と化しているからにほかならない。

山本七平は空気が醸成される原因として、対象に対する臨在感的把握に基づく絶対化があるという。物質からなんらかの心理的・宗教的影響を受ける。言いかえれば物質の背後に何かが臨在していると感じ、知らず知らずのうちにその何かの影響を受けるという状態を山本は臨在感的把握と捉え、対象の相対性を排してこれを絶対化すると、人間は逆にその対象に支配されてしまうので、その対象を解決する自由を失ってしまうと述べている。その証拠に、たんなる物質にすぎない天皇の御真影を踏みつけられるかと彼は問う。

御真影について丸山眞男は、東大で教鞭をとっていたドイツ人教授、E・レーデラーのこんな感想を紹介している。

＊12　山本七平前掲書一六九―一七〇頁。
＊13　同前一七一頁。

もうひとつ、彼があげているのは（おそらく大震災のときのことであろう）、「御真影」を燃えさかる炎の中から取り出そうとして多くの学校長が命を失ったことである。「進歩的なサークルからはこのように危険な御真影は学校から遠ざけた方がよいという提議が起こった。校長を焼死させるよりはむしろ写真を焼いた方がよいというようなことは全く問題にならなかった」とレーデラーは誌している。[*14]

たんなる物質が大きな権威を発揮する。命をかけてその写真を救い出すことに疑問さえ抱かない。御真影の「臨在感的把握」と山本が言う所以だ。そういう社会では責任は事実を述べることで果たされることはない。組織のためにウソを語ることが正義であり、「忠孝」となりかねない。つまり、所属する組織によって「真実」は異なるということだ。さらに状況により「真実」は変わることを意味する。

西洋でももちろん、状況で「真実」は動く。ただ、少なくともそうした曖昧な基準を廃し、何人にとっても普遍的な基準を構築する方向に向かって西洋の社会は努力してきた。王という権力者に好き勝手にはさせないためには、非人間的基準があって初めて万人が公平になれると考えたからだ。だから融通が利かず、AかBか二つにひとつになりがちになる。同時多発テロの直後、アメリカのブッシュ大統領が何と言ったか思い出そう。「You are either with us or you're against us.（敵か味方か）」

一方、日本では状況によりAであり、ときにはBでもある。絶対的拘束力をもつのは状況という〝舞台〟であっていったん状況が定まれば、そこからの逸脱は許されない。状況を生み出すのはそこに存在する集団であるから、責任はいつも集団に対して求められ、真実は集団のなかにある。だからこそ「長いものには巻かれろ」「出る杭は打たれる」という価値観が醸成され、没個性とならざるを得なくなる。かくして集団を覆う空気はなんの根拠がなくとも大きな力を発揮する。

KYの価値観

近年、「KY」という言葉が流行して話題となった。まず中・高生あたりの若い世代で使われ始め、瞬く間に社会全体に広がった。「あの人はKYだ」などと使われる。「KY」とは「空気の読めない人」の意で、周囲の空気が読めず場違いな言動をとり、その場の雰囲気を壊してしまうダメな奴ということになる。KYの烙印を貼られると、仲間から疎んじられるから、KYと言わ

＊14　丸山眞男『日本の思想』岩波新書、一九六一年、三二頁。

れないよう極力気を使う。これは「誰かが見ているでしょ！」と子を叱る母親も同じで、いまに始まったことではない。丸山眞男は「きょろきょろ」という言葉で日本人のこの性向を表現した。

日本の多少とも体系的な思想や教義は内容的に言うと古来から外来思想である。けれども、それが日本に入って来ると一定の変容を受ける。それもかなり大幅な「修正」が行われる。さきほどの言葉をつかえば併呑型ではないわけです。そこで、完結的イデオロギーとして「日本的なもの」をとりだそうとすると必ず失敗するけれども、外来思想の「修正」のパターンを見たらどうか。そうすると、その変容のパターンにはおどろくほどある共通した特徴が見られる。そんなに「高級」な思想のレヴェルでなくて、一般的な精神態度としても、私達はたえず外を向いてきょろきょろしている自分自身は一向に変わらない。[*15]

「きょろきょろ」とは絶えず周囲を気にして、周囲に迎合することである。それは私たちの日常に溢れている。ひとつ例を示そう。

二〇〇九年五月、連休明けの日本を新型インフルエンザが襲った。ウイルスに感染した患者への心ない偏見と共に、〝マスク騒動〟が起きた。どこの店に行ってもマスクは売れ切れ、通勤通学では人々のマスク姿があふれ、本当に必要な医療現場でマスクが足りなくなる事態が生じた。科学的にマスクがインフルエンザウイルスへの感染防御に役立つなどということは証明されていない。[*16] 感染症を専門にする医師の間では常識だ。それだけに世界的にも奇異の目で見られた日本人のマスク重視はどこからきたのだろうか。

新型インフルエンザ対策を所管する厚生労働省のトップ、桝添厚生労働大臣（当時）は、予防対策として国民に対し、ことあるごとに「うがい、手洗いそしてマスクの着用」の三点セットを繰り返し訴えた。

メディアもまた、当初この三点セットをステレオタイプに繰り返した。患者を隔離した病院前からマスクをして中継する記者、マスクをしたうえゴーグルをかけて学校関係者の会見に臨む記者など、メディアは必要以上の「恐怖」を煽ったという批判が起きた。その一方で、次の調査結果はマスク騒動の裏に潜む日本人の心性というものを透かして見せる。「人と防災未来センター」と「東京大学総合防災センター」が、神戸市に住む二五〇〇人に対して共同で行なったアンケート調査だ。[*17]

---

*15　丸山眞男『原型・古層・執拗低音』岩波現代文庫、二〇〇四年、一三八—一三九頁。

*16　ちなみに新型コロナウイルス感染症ではみんながマスクの着用を求められている。この点誤解が生じる恐れがあるので付言しておく。新型コロナウイルスでもマスクが自らの感染防御にほとんど効果はないと考えられる。ただ、ウイルスの特性から元気に見える人でも感染している場合が多々あるとみられ、病気を発症していなくてもウイルスを相当量排出することがわかってきた。この点インフルエンザウイルスとは大きく違う。知らず知らずのうちに他者に感染させることを防ぐため、マスクの着用が求められている。インフルエンザの場合でも「せきエチケット」として罹患者がマスク着用を求められるのと同じである。

「あなたは、マスクをつけることを、どのように感じますか」（複数回答）という問いに対して、次のような回答が寄せられた。

- ・マスクをしても、自分への感染を防ぐ効果は低いと思う。　四二％
- ・マスクをしても、他人への感染を防ぐ効果は低いと思う。　二五％
- ・マスクをみんなつけるべきだと思う。　五〇％
- ・息苦しくてつけるのは難しい。　五三％
- ・見た目が悪くなるので、人前ではつけたくないと思う。　一二％
- ・マスクをしないといけないような周囲の雰囲気を感じる。　六五％

注目したいのは「マスクをしないといけないような周囲の雰囲気を感じる」と答えた人が六五％に達していることである。きょろきょろと周囲を見回して空気を感じ取り、周囲に合わせる。恐ろしいのはおうおうにしてそうせざるを得ない心理に追い込まれてしまうことである。

阿部謹也は、私たちが営む共同体には伝統的な行動原理としての「世間の掟」が生きていて、明治以来導入された近代合理主義の精神・法律とは別のルールで私たちの行動を律していると述べている。

日本ではある方向性が見出されたとき、その方向に激流のごとく流れ、歯止めが利かなくなる。

イラク人質事件の自己責任バッシングや二〇一三年、オリンピックを再び東京に誘致する際の驚くほどの一枚岩はまさにそれだった。そして一時がたつと跡形もなく忘却が広がる。まるで、そんな騒ぎがなかったかのように、つぎの話題に移るのである。

和の精神

日本で空気が醸成されやすい背景には聖徳太子以来培われてきた「和の精神」も関係している。日本の社会では徹底したケンカを好まず、どこかで和解することが仕組まれてきた。

明治以前の社会構造は、ムラと言われるような共同体的な小集団で成り立っていた。特に中世では「惣(そう)」と呼ばれる村落の結合組織があり、かなり自治的だった。大人(乙名)たちが惣の政治を寄合によって決め、重要な事項を決める際には一味神水という神前に供えた水を一同で飲んで団結を図ることもあったという。各地で起きた徳政一揆は、惣を基盤に各地の農民が連絡を取って蜂起したものだった。のちに豊臣秀吉が刀狩りで全国の惣から武器を取り上げ、惣は解体させられていくが、日本人の意識にはこの惣が沈んでいると司馬遼太郎は言う。

＊17 『二〇〇九年新型インフルエンザ国内発生初期の情報伝達等に関するアンケート調査速報レポート』(平成二十一年五月二十七日速報第三版・人と防災未来センター東京大学総合防災情報センター)。

徳川時代には、なるべく当該の地域社会の顔役（庄屋・名主・組頭など）や、本家の家長等の仲裁によって「内々ニテ相済」まさせるという方法で解決する施策がとられ、もし、庄屋・組頭等による調停を経ないで訴訟に及んだ場合には、訴え出た本人のみならず、庄屋・組頭まで処罰されたのだという。*18

共同体的な中間集団の秩序維持のためにも重要であった和の精神は、中央集権化が進み、中間集団が一定程度解体される明治以降も引き継がれた。特に、大正デモクラシー以後、個人の権利意識が芽生え、さらにロシア革命の影響を受けた大衆の諸要求が提示されればされるほど、その反作用として和の精神の強調が図られ、全体主義の強化が図られていく。政府による当時の思想教育の中核をなした「国体の本義」（昭和十二年）に、この「和の精神」が強調されている。

我が肇国の事実及び歴史の発展の跡を辿る時、常にそこに見出されるものは和の精神である。……和の精神は、万物融合の上に成り立つ。人々が飽くまで自己を主とし、私を主張する場合には、矛盾対立のみあって和は生じない。個人主義に於ては、この矛盾対立を調整緩和するための協同・妥協・犠牲等はあり得ても、結局真の和は存しない。……我が国の思想・学問が西洋諸国のそれと根本的に異なる所以は、実にここに存する。

我が国の和は、理性から出発し、互いに独立した平等な個人の機械的な協調ではなく、全体の中に分を以て存在し、この分に応ずる行を通じてよく一体を保つところの大和である。

即ち家は、親子関係の縦の和と、夫婦兄弟による横の和と相合したる、渾然たる一如一体の和の栄えるところである。更に進んで、この和は、いかなる集団生活の間にも実現せられねばならない。……身分の高いもの、低いもの、富んだもの、貧しいもの、朝野・公私その他士農工商等、相互に自己に執着して対立をこととせず、一に和を以て本とすべきである。[*19]

あらゆる価値観がひっくり返った戦後も「和の精神」は受け継がれた。昭和二十九年に発行された「調停読本」の序文にこう記されている。

云うまでもなく調停の基本理念は和であって、聖徳太子が今から千三百五十年前制定された十七条憲法の第一条に「以ㇾ和為ㇾ貴」と示されているとおり、和を尊ぶのがわが国民性であるから、わが国において調停制度[*20]が発達するのも当然であろう。[*21]

＊18　川島武宜『日本人の法意識』岩波新書、一九六七年、一六三頁。
＊19　「国体の本義」文部省教学局昭和十二年、『近代日本思想体系』36・昭和思想Ⅱ、筑摩書房、一九七八年。
＊20　調停制度とは裁判所その他の公の機関が中に立って、当事者の互譲により紛争を円満に和解させる制度。仲裁と異なり、解決案は当事者の承諾をもって効力を生ずる。
＊21　川島武宜前掲書一八三頁。

私の小中学生時代、朝礼のたびに行進させられて各教室へ入った思い出がある。いまの小中学校ではどうなのか知らないが、当時は足の上げ下げや手の振りをそろえないと体育の教諭から大目玉を食った。集団は個人に和を求め、個人は集団に和していく。和の精神が尊ばれるところでは、個人の突出は許されない。学級で全員がオール3、運動会の徒競争では皆が一着、学芸会では複数のシンデレラ役が登場し、遠足で持参できるお菓子や小遣いに制限が設けられるのも和の精神の所以なのだろうか。

融通性と不寛容

和の精神と融通性はつながっている。日本では和を保つという至上命題を成就するために融通性が発揮されてきたからだ。

日本人の融通性について、法律を座標軸にして考えてみよう。

本来、法律はそのことばの意味を明確にし、恣意的な運用を避ける方向で努力がなされてきた。しかし日本は法律のことばの意味を本来不確定的・非固定的なものとして意識し承認している社会だと川島武宜は指摘する。もちろん西洋の社会でも法律の文言の意味を、時代や社会の変化に応じて妥協させているし、そもそも現実とのギャップを埋める努力が払われなければ、法律の機能を損なってしまうことさえあり得る。しかし、現実への妥協ないし調整は、日本社会におけるように「なしくずし」にではなく、それ相応の努力や抵抗と公の手続きを経てなされてきた。[*22]

日本には、このように現実と理想とを厳格に分離し対置させる二元主義の思想の伝統はない（或いは、きわめて弱い）ように思われる。（中略）

道徳や法の当為と、人間の精神や社会生活の現実とのあいだには、絶対的対立者のあいだの緊張関係はなく、本来的に両者の間の妥協が予定されている。したがって、現実への妥協は、「なしくずし」に、大した抵抗もなしに行われる。そうして、そのような現実との妥協の形態こそが、「融通性のある」態度として高く評価されるのである。[*23]

日本の民事訴訟件数は諸外国に比べて著しく少ない。最高裁判所によれば、一九九七年の一年間で日本の地方裁判所、簡易裁判所に持ち込まれた民事第一審訴訟の新受件数は合計で四二万二七〇八件、アメリカではおよそ三七倍の一五六七万五七三件（連邦地方裁判所と州の裁判所の合計。日本の簡易裁判所に相当する裁判所の件数は含まず）、イギリスでは二三三万八一四五件、日本の人口の約六五％のドイツでは二一〇万九二五一件、日本の約半数の人口のフランスでも一一一万四三四四件とな

＊22　同前四五頁。
＊23　同前。

民事第一審訴訟新受件数（1997年）
最高裁HP「諸外国の法曹人口との比較」より

フランス	111万4344件
ドイツ	210万9251件
イギリス	233万8145件
アメリカ	1567万573件
日本	42万2708件

っていて桁数が違うのだ。[*24] これはいまから二〇年以上前の数字ではあるが、二〇一七年の日本の新受件数が四八万三〇六二件と微増であることを考えると、この差は現在でもあてはまると見ていい。

訴訟に訴えるということは公に喧嘩を吹っ掛けるということであり、理性的な社会の空間では当然の権利である一方で、感情的な世間という空間では秩序を破壊する行為ともみなされかねない。

具体的な例を示そう。

一九七七年五月八日、三重県鈴鹿市で三歳の男児が農業用の溜池で水死するという事件が起きた。この水死をめぐって亡くなった三歳児の両親が、子どもを預かってくれた隣人の母親らを相手取って損害賠償の訴えを起こした。世に知られた隣人訴訟だ。

判例タイムズに従って、この出来事を振り返ろう。

当日午後三時ごろ、Y（当時三歳）は被告夫婦の三男A（当時四歳）と被告宅の庭先で遊んでいた。原告の妻は夕食のための買い物に出かけるため、息子のYを呼んだところ、Aも一緒に行きたいと言い出した。被告の夫は、妻もいるし自分も見ているからYをおいていったらよい旨の返事をし、妻も短時間のことであり自分も見ているからと言うので、原告の妻はYをおいて買い物に出かけた。その三〇分後に帰宅すると、Yは溺死していた。

Yが溺死したのは新興住宅地にやや囲まれる形のかんがい用溜池で、事故当時はほぼ満水状態だった。岸辺から中央へ一・五メートルのところで水深二・五メートルに達する急勾配の状態だったが、防護柵などの設備はなかった。

話し合いはつかず、原告夫婦は、Aの両親、鈴鹿市、国、三重県そして溜池の掘削工事を行なった建設会社を相手取り、損害賠償の訴えを起こした。*25

一審の津地方裁判所は一九八三年二月二十五日の判決で、七割の過失相殺を認めたうえで、被告側に五二六万円の賠償を命じた。被告は控訴し、原告も国や自治体の管理責任が認められなかったことから控訴を検討した。ところが、判決直後から原告夫婦への匿名の嫌がらせが始まり、「恩を仇で返すとは何事か」「ひとでなし」「子供をエサに金もうけするのか」「死ね」などの中傷や脅迫の電話が五〇〇～六〇〇本かかり、はがきや手紙は五〇通を超えた。原告の夫は電気工事の請負の仕事を打ち切られ、転職を余儀なくされた。小学生の長女も近所や学校で嫌がらせを受

＊24　最高裁判所ＨＰ「諸外国の法曹人口との比較」www. courts. go. jp
＊25　判例タイムズ495号、六四頁。

けたという。このため原告側は控訴を断念し、さらに訴えそのものを取り下げざるを得ない事態に追い込まれた。そのことが報道されると今度は被告側にも非難の電話などがくるようになって、結局、被告側も訴訟を取り下げた。

法務省は「国民のひとりひとりが、法治国家体制のもとでの裁判を受ける権利の重要性を再認識し、再びこのような遺憾な事態を招くことのないよう慎重に行動されることを強く訴えるものである」と異例のコメントを出した。

四〇年以上も前の出来事だと一笑に付すわけにはいかない。ひとりよがりの〝正義感〟は時代を超えて折々に顔を出す。二〇二〇年のコロナ禍で盛んに聞かれた「自粛警察」なる言葉も根は同じだ。あそこの店は自粛していないと店に張り紙して回ったり、ネットを通じて攻撃したり、警察や県庁に通報したりする。

もうひとつ、ささやかな事例を示したい。

二〇一一年三月十一日に発生した東日本大震災では、多くの人々が義捐金を出し、節電に協力し、不自由さを我慢した。大きな略奪も起きず、避難所に逃れた被災者たちは整然と列を作って一日一食に耐えた。その秩序に世界は驚嘆した。

そんななかでこんな出来事が新聞に載った。秋田県内のある公立中学で、生徒会が大震災の被災者を支援しようと義捐金集めを企画した。生徒会は全生徒に募金を呼びかけるチラシを作り、五月十一日から十七日まで、ひとり二〇〇円以上の寄付を呼び掛けたという。受付の終わった十七日の帰りの会で、二年の二クラスのそれぞれの担任が寄付をしていない生徒二〇人ほどの名前を紙に書いて黒板に貼り出した。担任は寄付した生徒の名前をチェックしていたという。掲示後、一五人の生徒が寄付したと新聞は報じている。[*26]

寄付をしようという善意は素晴らしい。しかし寄付をしなかった生徒の名前を貼り出す教師の心性に潜むのは、「皆で決めた寄付をするのは当然だ。逸脱者は許さない」という〝正義感〟であり、不寛容だ。教師に限らず、おそらくは寄付をした多くの生徒たちも、クラスという名の共同体に共に所属する同僚に寄付を迫る気持ちをもったことだろう。

融通性が発揮されるのは世間の秩序を乱さない限りにおいてであり、暗黙の掟が破られたとみなされたときには激しい不寛容が〝逸脱者〟に向くのである。

世間と責任

先に取り上げたみのもんたの謝罪をもう一度振り返ろう。謝罪は言うまでもなく、他者にかけた迷惑や自分の過ちなどについて詫びる行為を指し、どんな社会でも対人関係を修復するうえで

＊26　朝日新聞二〇一一年五月二十一日。

重要な機能をもっている。それは通常、謝罪する側とされる側という二元論で成り立つが、日本における謝罪のあり方は二元論では説明のつかないものも多い。つまりどういう責任を認め、誰に謝罪しているのかわかりにくいことがままあるのだ。

みのの謝罪もわかりにくい。すでに成人し、所帯をもっている息子が不始末を起こし、二度目の記者会見に臨んだみのはこう切り出していた。

「私のことで大変世間をお騒がせしました。まことに申し訳ございません。」

謝罪するということは責任を引き受けるということでもある。世間に詫びるということは世間に責任を感じているということを意味する。このときの「世間」とはいったい何を指すのだろうか。

みのが謝罪をしている世間にはおそらく視聴者群が含まれる。出演を辞退した番組関係者と番組自体も入るだろう。しかし感覚的にそれだけの範疇にはとてもおさまらない。はるかに広がる空間とそこに住む名も知らぬ人々さえ意識できる。大袈裟に聞こえるかもしれないが、「日本に暮らす皆々様」ほどの意味あいにすら感じる。世間の範囲が日本と重なり合うほどだ。

さて、「世間をお騒がせして申し訳ない」という言葉だが、謝罪のさいの決まり文句としてよく耳にする。このフレーズを朝日新聞のデータベース（一九八四年八月四日からの記事が検索できる）で検索すると三四件ヒットする。その最初の記事は一九八八年のものだ。

株の売買益約二億円の申告漏れが明らかになった自民党の相沢代議士（六五）は五日午後、原衆議院議長を公邸に訪ね、衆院法務委員長の辞任届を提出した。（中略）記者会見した相沢氏は「不徳のいたすところであり、世間をお騒がせして申し訳ない」と述べた。（中略）架空名義を使っていたことについては「（株売買を）お任せしていたので、理解していなかった」と、もっぱら自分が関わっていないことを強調。[*27]

もうひとつ例を示そう。文部事務次官だった高石邦男氏が選挙に出馬する準備を進めていた一九八八年七月、東京で資金集めのパーティを開いた。そのさい、福岡県教育委員会が一〇〇枚のパーティ券を売っていたことが発覚し、県の教育長が記者会見で謝罪した。

教育長は会見の冒頭、「世間をお騒がせして申し訳ない。お詫びします」と頭を下げた。（中略）券の一括取扱いは久保前課長の「独断」として「部下の行為」と結論づけた。教育長としての責任の取り方については「社会的な疑惑を招いた責任はあるが、県教委の幹部や教育委員の意見も聞いて対応したい」と述べるにとどまった。[*28]

＊27　朝日新聞一九八八年二月六日。
＊28　朝日新聞一九八九年三月十四日。

ふたつの記事に共通するのは直接の責任については否定しながら、世間に対して詫びているという点である。自分の知らないところで起きた、自分に責任はない、それなのになぜ詫びるのか。だが、こうした謝罪を私たち日本人は当然のこととして受け取るか、少なくとも違和感をもつことはなく受け入れてきた。

阿部謹也は言う。

「世間を騒がせて申し訳ない」という決まり文句の中には、日本人の心的構造の特徴が集中的に表現されており、それは個人がヨーロッパのような他と隔絶された個人ではなく、広いつながりの中で、他の人や動植物などとの境界もさだかでない広がりを持つ存在であることを示しているように思えるのである。これは、日本では社会のなかに別な次元で世間があり、文章や論文にならない日常生活の次元では、世間の方が大きな位置をしめていることを物語っている。[*29]

「世間をお騒がせして申し訳ない」という言葉が発せられる場を注視すると、ひとつの事実が指摘できる。このフレーズは新聞やテレビのメディアが集まる記者会見、インタビューの場でのみ発せられるということだ。つまり、顔の知らない人たちを含む広域の空間、謝罪がメディアによって流布されるだろう空間が前提のときに限られるということである。同窓会や町内会などの範囲で意識される集団内では「世間をお騒がせて」とは決して言わない。世間に対する謝罪で意識されるのは顔見知りの範疇を超え、テレビや新聞の報道でお詫びの言葉が届く不特定多数の広がりがこの場合の世間である。つまり、謝罪者は日本全体を世間ととらえ、その世間からの村八分を恐れ、詫びるのである。周りを海に囲まれた島国の閉鎖性が果たしている役割は小さくない。この閉鎖性や日本語という言語が「外」と隔てる「内」を作り、世間たらしめている。

世間とは何か

責任が集団組織の組織内倫理として機能する日本。その集団こそ世間と呼ばれるものである。世間はその時々でその広がりを自在に変える。使う人の都合、受け取る側の都合、周囲の環境で七変化を遂げる。普段は意識に上ることはそうないが、世間は事あるごとに人々の言動を縛り、世の中を動かす大きな権力をもっている。

権力と言うと、一般には国家権力が思い浮ぶ。警察は武器の携帯が認められ、司法権を担う裁判所は「死刑」を命ずることもできる。軍隊は自衛のため他国との戦争を行なう交戦権が認めら

＊29 阿部謹也『「世間」論序説』朝日選書、一九九九年、一四二頁。

れている。警察も軍隊も国の支配下にあるから、国は合法的な人殺しが唯一許されているとも言える。

その国家権力とは別に、法律で定められているわけではない暗黙のルールが、明確に意識されることなく人々の価値観、身の処し方をコントロールしている。これが世間だ。成人した息子の犯罪に親の謝罪を求め、イラクで拉致された若者たちに自己責任という言葉を浴びせて責めたてる。明文化されているわけではないのにその力は圧倒的だ。辺見庸はそれを「鵺(ぬえ)」と表現した。

明文化のむずかしい〈非言語系の知〉にこの国の日常は満たされていて、言葉にされることのないまま全体を方向づけてゆく不気味なものが日常を支配しているのです。

私はそれを鵺と呼びます。鵺とは、源頼政が射取ったという伝説上の怪獣で、頭は猿、胴は狸、尾は蛇、手足は虎に、声はトラツグミに似ていたという。平家物語などに登場し、世阿弥作の能(鬼物)にも脚色されています。転じて、正体不明の人物や曖昧な態度をさして鵺といいます。私たちの日常は、主体の曖昧な、鵺のようなファシズムに覆われているのです。*30

辺見は、私たちの日常を「日本的な日常」「不気味な諧調」と表現し、これこそが「世間」なのだとして、不快感を露わにする。

個人として半身を世間に埋め込み、もう一方の半身で進歩的なことを言ってみせる。あるいは気のきいた詩や短歌をつくったりする。私たちは半身を住み分け、声を使い分けて生きている。まったく陰鬱な気分になります。戦後民主主義というのはじつは世間だったのではないかと最近私は思っています。戦後民主主義は世間を超克しえなかった。そのために世間というものがいま、はなはだしい暴走をはじめているのではないでしょうか。[*31]

世間とは何か。歴史学者で一橋大学の学長を務めた阿部謹也は晩年「世間学」というものを提唱した。

世間とは何かと申しますと、これはパーソナルな、人的な関係で、いわば個人と個人が結び付けているネットワークだと言ってもよろしいと思うんですね。わかりやすい例で言えば、大学の同窓会、あるいは自民党や社民党、共産党などの政党内に、いろいろ派閥があるんだろうと思いますが、その派閥、俳壇、文壇、といったようなものですね。そのほか様々な人間の集団。会社、あるいは郷土の集団、そういう県人会的なもの。……

＊30　辺見庸『愛と痛み』毎日新聞社、二〇〇八年、五五頁

＊31　同前五八頁。

「世間」というのは、その人が利害関係を通じて世界と持っている、いわば絆なんで、それ以外のものではない。[*32]

家族、ご近所、学校、会社といった利害を同じくする共同体がひとつの「内」として世間を構成する。「内」の存在は「外」が意識されることで成り立つ。外との関係次第では日本という国全体がひとつの世間ともなり得る。イラク人質事件や戦時中の「非国民」で意識された世間はこれに近い。

阿部謹也は世間を構成するふたつの原理を挙げる。そのひとつが「長幼の序」と呼ばれるものだ。ひと言で言えば、年齢による上下関係を重んずるということである。上下関係を重んずるということは、激しい競争が排除されるから、能力が劣っていても世間の掟を守る限り、それなりの地位を保つことができる。逆に言えば、最も優秀な人が必ずしも高い位置を得るとは限らないということでもある。だから水戸黄門の印篭に見るまでもなく、上位者のお墨付きはきわめて大きな意味をもつことになる。それは同時に礼儀という概念と強力に結びつく。

「長幼の序」の原理は、兄弟、夫婦、先輩後輩といった序列でも同じように機能する。法律での平等とは裏腹に長男の権利と務めはいまでも厳然と残っているし、同じ模様の大きさの違う夫婦茶碗や夫婦箸もその証左だ。そして先輩後輩で言えば、学校での学年、会社での入社期による呼び方の違いが思い浮かぶ。同級生、同期入社であれば、年齢に関係なく、俺・お前の関係が成立する。

小中高、中学校ぐらいになりますと、先輩・後輩の関係がはっきりできてきまして、先輩・後輩という言葉が定着する。で、「友人」や「友達」という言葉は言葉としてありますが、日本の場合は非常に限定されます。先輩や後輩は友人ではない。友人の範囲は非常に狭くなります。同期に入学した人間、同年齢の人間のなかで親しい人だけが友人なんですね。[*33]

世間にはもうひとつ、「贈与・互酬の原理」があると阿部は言う。対等な関係においてはもらった物に対してほぼ等価の物をお返しするという原理である。その典型は中元、お歳暮、年賀状そして葬儀への出席だという。「贈与・互酬の原理」から逸脱すると義理を欠くことになり、世間から厳しい〝差別〟を受けることにもなる。

義理は同じ共同体に属する仲間内で生じるもので、「外」には決して向かない。義理を発揮する限りにおいて、「内」では安泰だ。安泰を提供する共同体という世間は、その一方で個人に共同体との一体化を求める。ある程度の逸脱には世間は寛容な顔を見せ、持ち前の融通性で許容されるのだが、琴線に触れる逸脱には徹底的に鉄槌を加える。

＊32　阿部謹也『日本社会で生きるということ』朝日文庫、二〇〇三年、二一〇頁。

＊33　同前三四頁。

世間はひとつの権力だ。その力は半端でない。世間は無色無臭透明で、注意していないとその存在にすら気づかない。しかし気がつくと皮膚にべたべたとまとわりつく、湿った空気のような存在だ。平時はなかなか姿を現わさず、しかし常に私たちを監視している。その権力の頂点が見えないから、首相や大統領を替えて国家に新鮮さを取り戻すようなまねもできない。社会を変革するようなさまざまな装置、自浄機能をもたず、また個人と国家のような契約も結べない。掬った水が両手から零れ落ちるようにつかまえどころがない。柳の枝のようにしぶとく、風に合わせてなびく。ときに牙をむき、逸脱者に襲いかかる。保守的なのだ。世間はなによりも秩序が好きだ。緩やかな変化はともかく、急激な改革を望まない。しかし事態の急を悟ると見事に豹変する。投票で落選させることもできず、替えようと思っても替えられない。勝手に権力者におさまっている厄介な存在である。

世間とは、日本独特の言葉らしく、フランス語ではうまい訳語が見いだせないとパリの大学で日本哲学を教える教授も話していた。かの地では「世間にお詫びする」ことなど考えられないのだ。

日本の母親が子を叱るとき、「そんなことしちゃだめよ。誰かが見てるでしょ」とたしなめる。責任は誰かが見ている空間のなかで意識され、責任の重さを値踏みするために「きょろきょろ」と周囲を見回すのである。

準拠集団としての世間

「世間」は社会学的には「準拠集団」ということもできると阿部謹也は言う。「その人がその人でありうるためには、仲間をもっていなければならず、その人がその仲間のなかにいることによって、その人でありうる、という場」が準拠集団であり、世間なのだと主張する。だから、その準拠集団に属することがその人のアイデンティティそのものであり、その集団からはじかれてしまえば、アイデンティティを失ってしまうことになる。

こうして、「みずからの価値観または生活目標の独自性を決して譲れぬものとして、その属する組織や集団の掟より上位に置く哲学」は育たず、「普遍的・抽象的な個人権から特殊的・具体的な共通善へ」傾く。まさにそこにこそ日本では「責任」の振れ幅が大きくなる要因がある。

阿部謹也は言う。

> 世間が私たちを縛っているのではない。私たちが世間に縛られることを望んでいるのである。世間を離れては自分が立ち行かないのである。どこでもいつでも群れているのが私たち日本人なのである。その私たちの群れの掟が世間なのである。[*34]

---

*34 阿部謹也『「世間」論序説』三二頁。

過剰な忖度

準拠集団としての世間が生み出す同調圧力は権力の意向をめぐる過剰な忖度や権力への従順を生む。

二〇一五年七月、放送大学は「日本美術史」の単位認定試験の問題で、安倍政権を批判した一部の文章が不適切だったとして削除していた。

削除されたのは「現在の政権は、日本が再び戦争をするための体制を整えつつある。平和と自国民を守るのが目的というが、ほとんどの戦争はそういう口実で起きる」「表現の自由を抑圧し情報をコントロールすることは、国民から批判する力を奪う有効な手段だった」などの記述である。

放送大学によると、受験した六七〇人のうちのひとりから「現政権の批判ともとれる文章がありました。多くの受験者の目に触れる試験で、このようなことをするのは問題」という内容のメールが大学に届いたのだという。来生新・副学長は「放送法の規制を受け、一般大学より政治的中立性を配慮しなければならない。試験問題も放送授業と一体。問題文は公平さを欠くと判断した」と削除理由を説明している。*35 現政権に対して発揮された過剰な忖度に驚く。

また北海道ではこんな騒ぎも起きている。美瑛町の社会福祉協議会の理事四人が自民党支部の質問状を受け、辞任したのだ。

同町の社会福祉協議会が二〇一五年八月、国会で審議中の安全保障関連法案について「皆で考えよう」と呼びかけるチラシを配ったところ、自民党の美瑛支部が社協の活動としてふさわしくない「政治的活動」だとして理事の処分や辞任を求めた。チラシには「みんなで考えよう安全保障法案　いま、世界では紛争により尊い命がうばわれています。私たちは争いのない助けあいの社会を目ざします」などと記され、八月末に新聞の折り込みで町内のおよそ二七〇〇戸に配布されたという。

自民党美瑛支部は九月に「理事が政治的内容の意思決定に関わって問題はないのか」との質問状を社協に提出、十月には「（社協の）社会的存続をも危ぶまれる大失態を招いた今回の一連の騒動」と表現した要望書を社協に出し、そのなかで社協の三人の理事の辞任と、会長の厳重注意を求めた。理事四人が退任したのはその後である。[*36]

北海道の小さな町の些細な出来事だと片づけることはできない。いまの日本の縮図と映るからだ。

二〇一五年七月二十四日、姫路市で地元の労働組合が「駅前文化祭」を開いた。会場は市が管理する広場で、市の許可を得ての催しだった。「アベ政治を許さない」と書かれたビラが掲示され、政権批判の発言が続いた。広場の運営スタッフから連絡を受けた市の担当者が催しを中止さ

＊35　朝日新聞二〇一五年十月二十一日。
＊36　共同通信二〇一五年十二月十四日、朝日新聞二〇一五年十二月十五日。

せるよう指示したという。スタッフは「中止しなければ電源を落とす」と、強い調子の警告を再三発したという。中止させる理由としては、「公の秩序に反する」からと説明した。「公の秩序」とは何か。市の担当者が言う「公の秩序」とは国家の秩序、ときの政権の意向に他ならない。国の意向に背く形になれば、不利益を受けるかもしれないと心配してのことだろうか。ただし、このケースでは、のちに市は非を認めて労組に謝罪している。[*37]

毎日新聞によれば、「憲法」「平和・戦争」「原発」「特定秘密保護法」の四つのテーマを扱ったイベントについて講演申請を拒否する自治体が相次いでいるという。

> 毎日新聞が都道府県、政令市、東京二三区、人口一〇万人以上の市を対象に講演申請を断った件数を尋ねたところ、二〇一〇年度から五年間に六五自治体で計一五四件あった。年度ごとの件数は五年間でほぼ倍増した。テーマ別では、国政で議論が分かれる「原発」や「憲法」が多かった。
>
> 「中立性が保てない」。理由を尋ねると、どの自治体からも決まって同じ答えが返ってきた。
>
> （中略）
>
> 「政権批判的な内容は後援しにくい」「後援したことにより、イベントでの主張に市がお墨付きを与えたと思われたら困る」と外部からの指摘を心配する職員も多かった。[*38]

自治体だけではない。言論の府であるべき大学でもこんな出来事があった。「安全保障関連法に反対する学者の会」がシンポジウムを開くさい、立教大学が大学施設の使用を認めず、急遽法政大学に会場を移さざるを得なかったというのである。集会で慶応大学の小林節名誉教授は「いま、こういうことが方々で起きている。我々の言論空間がどんどん狭まっている」と発言している。*39

別に権力者がそうせよと言うわけではない。権力の意向が勝手に忖度されてしまうのだ。

この国の怖さ

成人した子の不始末に対して親の責任が求められる。法律による刑罰ではない情緒的な懲罰が親に向かう。

イラク人質事件では、自己責任という言葉が本来の意味とは別にひとり歩きし、激しい〝自己責任〟バッシングが吹き荒れた。これは紛れもなく、世間が〝逸脱者〟とみなした若者たちに対

＊37　朝日新聞二〇一五年七月二十八日大阪版朝刊など。
＊38　毎日新聞二〇一五年六月二十七日。
＊39　朝日新聞二〇一五年十月二十六日。

する鉄槌であった。このケースでは、為政者たちもこのバッシングを増幅し、利用した。ふたつの権力が重なり合ったときに生じる凄まじい力をまざまざと見せつけた。

本書では、責任の本質にも触れた。荒ぶれた人々の心を鎮めるために「責任」という虚構が捏造され、スケープゴートが用意される。誰かが責任を取らなければ、或いは取らさなければ収まらないのである。人は集団から離れて生きることはできない。集団から離れれば、たちまち存在さえ危なくなる。集団内にこそ自らのアイデンティティが見出せるからだ。責任の追及は法に基づく社会という集団と、暗黙の掟に従う世間という集団のふたつの空間で同時に行なわれるから、行為者は異なるふたつの空間でそれぞれの懲罰が課せられることになる。

日本では法に向き合う姿勢が格段に弱い。為政者ですら、憲法の解釈を変更して安保関連法を成立させ、特定の検事の定年延長を検察庁法の規定を無視する形で実行した。

その一方で、世間の明文化されない掟は厳しく、ときに自殺者まで出るほどだ。しかも世間から逃れることは原理的にできない。ならば、せめてその暴走を減ずることはできないだろうか。そのためには「社会」を鍛え、成熟させていくしかないように思う。暗黙の掟が支配する情緒的「世間」ではなく、明文化された法律が支配する理性的「社会」を希求していこうということだ。「社会」は努力して築くことができる。法律と制度という明確なルールを公開された議論のうえで整備することができる。不都合が生じれば、直すことができる。「社会」の運営を付託された為政者もまた選挙によって引きずり降ろすことができる。

「要請」などという曖昧に頼らず、ひとりよがりの「正義」や「偏見」を許さず、「責任」の範囲を明確にしたい。成人した子の不始末の責任を親に求めず、本来の自己責任を果たしたい。

まずは「この国の怖さ」を意識することから始めるというのはどうだろう。

あとがき

もう一五年以上前になるが、私はイラク戦争とその後を現地で取材する幸運に恵まれた。この経験が私の人生観やジャーナリズムについての考え方をずいぶん変えたように思う。なかでも二〇〇四年の「イラク人質事件」で被害者となった日本人の若者三人が浴びた日本国内での自己責任バッシングには鳥肌が立った。本書にも書いたようにあの事件が起きたとき、私はバグダッドにいた。そのとき感じたのは日本という国が潜在的に抱えているらしい恐ろしさだった。これが「日本という国の怖さ」を考え始めた原点である。

本書は、そのイラク人質事件をめぐって沸き起こった自己責任をテーマに、フランスの国立東洋言語文化学院でまとめた修士論文「La responsabilité individuelle au Japon à partir de l'affaire des otages japonais en Irak」を元に大幅に加筆修正したものだ。

二〇〇六年の暮れに勤務していたフランスから帰国すると、子の不品行に親の責任が追及され、社員のプライベートな不始末に所属組織が謝罪を求められる。この国を覆う「空気」を感じさせる出来事が次々と起こる。そしてその「空気」を増幅しているのが、他ならぬメディアではないかという思いに至る。そして私自身もそのメディアに席を置き、四〇年にわたってテレビ報道に携わってきた当事者のひとりである。

「責任」という概念なしに社会は成り立たない。しかし「責任」は同時に虚構性を有しているということを意識の片隅に置いておく必要がある。権力はいつでもその虚構性を恣意的に利用したいという誘惑にかられている。さまざまな負の結果は「公のために」「公の都合で」「自己責任だ」と切り捨てられる可能性がある。

日本の歴史的経緯から究極の「公」と見なされる国家という権力と、世間というもうひとつの権力が重なり合ったとき、この国は息苦しいほどの画一的な価値観に支配され、不寛容に陥る。そして〝逸脱者〟には鉄槌がくだされる。

イラク人質事件で起きた自己責任を求める激しいバッシングは、ふたつの権力が合体したときの恐ろしさを目の当たりにさせた。責任の押し付け先を求めてふたつの権力が重なり合い、スケープゴートがアレンジされていったのである。ふたつの権力の合体は、一枚岩の同調圧力を生み、反論を許さないファシズムにつながっていく危険をはらむ。

国の権力に対する以上に世間に逆らうことは難しい。普段、世間は透明であまりに日常的で五感ではなかなか感知できないからだ。ただ、せめて世間という存在があると意識することで、絶対的価値観に身を沈めずには済むかもしれない。相対的な価値観や少数意見への配慮こそ大切だ。配慮される側が救われるだけではなく、配慮する側も独善に陥らずに済むからだ。同時に逸脱には寛容でありたい。天動説に対する地動説の歴史を繙けば、進歩や新機軸はそんな逸脱がもたらすことも多いからだ。

責任のあり方をどう考えていくか。親の責任や自己責任はどうあるべきなのか。それは私たちがどんな社会を目指すのかということでもある。世間という容易ならざる呪縛を受けながらも、責任の転嫁、曖昧さゆえの責任の拡大化にはささやかな抵抗を試みたい。さもないと私たちは永遠に自立した人格を獲得できないことになる。そして「この国の怖さ」を克服することはさらに難しくなる。

執筆に当たっては、友人でもあるパリ第八大学の小坂井敏晶准教授に貴重な助言をいただいた。改めて感謝したい。

また、イラク戦争の取材で長期に家を空けるなか私を支え続けてくれた妻にも心から感謝したい。彼女の献身がなかったら本書が日の目を見ることはなかったと思う。

ここに縷々綴った内容は私個人の産物であり、私が過去に所属し、また現在所属する組織とは無関係であることを最後にお断りしておく。

二〇一〇年七月

齋藤雅俊

■著者略歴
齋藤雅俊（さいとう・まさとし）

1956年、東京都生まれ。

1980年、東京外国語大学イタリア語学科卒。

2006年、フランス国立東洋言語文化学院（INALCO）日本学科修士課程（DEA）修了。

TBSで報道局社会部デスク、パリ支局長、取材センター長、映像センター長、編集主幹、スペシャリスト局長、「JNN報道特集」制作プロデューサーなどを歴任。

現在、TUY（テレビユー山形）取締役
著書に『医療不信』（エール出版、共著）、『ブロードキャスト――イラク取材の裏側』（スリーエー出版）がある。

自己責任という暴力
――コロナ禍にみる日本という国の怖さ

発行――二〇二〇年八月三十一日　初版第一刷発行
二〇二〇年十月　二　十　日　初版第二刷発行

定価――本体二〇〇〇円＋税

著　者――齋藤雅俊

発行者――西谷能英

発行所――株式会社　未來社
東京都世田谷区船橋一―一八―九
電話　〇三―六四三二―六二八一
http://www.miraisha.co.jp/
email:info@miraisha.co.jp
振替〇〇一七〇―三―八七三八五

印刷・製本――萩原印刷

ISBN978-4-624-41104-6 C0036

（消費税別）

丸山眞男著

現代政治の思想と行動［新装版］

発表より70年たった現在にいたるまで繰り返し読まれ、言及され、論じられるロングセラー。著者没後十年を機に新組・新装カバー装に。「超国家主義の論理と心理」他を収録。　三八〇〇円

ガブリエル・タルド著／稲葉三千男訳

世論と群集［新装版］

「公衆と群集」「世論と会話」「犯罪群集と犯罪結社」の三篇を収録。マスコミュニケーションの成立と関連して「公衆」概念を解明した集団論やコミュニケーション論の必読文献。　二八〇〇円

折原浩著

東大闘争総括

〔戦後責任・ヴェーバー研究・現場実践〕東大闘争に立ち向かった著者が、大学内外のさまざまな矛盾や策動を綿密な資料調査と徹底した観察によって事実解明した鋭い挑発の書！　二八〇〇円

高木仁三郎著／佐々木力編

高木仁三郎　反原子力文選

〔核化学者の市民科学者への道〕反原発の思想家・運動家として知られる高木仁三郎の反原子力にかんする主要な論考を厳選し、再編集。高木仁三郎思想のすべてが凝縮された一冊。四二〇〇円

柴野徹夫著／安斎育郎協力

明日なき原発

〔『原発のある風景』増補新版〕福島原発事故をうけ81年刊の先駆的原発ルポを増補・再編集。放射線防護学の権威・安斎育郎氏の協力のもと我々が踏み出すべき一歩を示す。　一八〇〇円